No, no y no

No, NO Y NO

Alfonso Ussía

Barcelona • Madrid • Bogotá • Buenos Aires • Caracas • México D.F. • Miami • Montevideo • Santiago de Chile

1.ª edición: diciembre 2013

© Alfonso Ussía, 2013
© Ediciones B, S. A., 2013
　　Consell de Cent, 425-427 - 08009 Barcelona (España)
　　www.edicionesb.com

Printed in Spain
ISBN: 978-84-666-5409-8
Depósito legal: B. 23.122-2013

Impreso por LIBERDÚPLEX, S.L.
Ctra. BV 2249, km 7,4
Polígono Torrentfondo
08791 Sant Llorenç d'Hortons

Todos los derechos reservados. Bajo las sanciones establecidas en el ordenamiento jurídico, queda rigurosamente prohibida, sin autorización escrita de los titulares del *copyright*, la reproducción total o parcial de esta obra por cualquier medio o procedimiento, comprendidos la reprografía y el tratamiento informático, así como la distribución de ejemplares mediante alquiler o préstamo públicos.

Introducción

Cataluña sí, sí y sí. El no, no y no es para la Cataluña separatista y artificial, la que se inventa mentiras, la que promueve odios y escisiones, la que establece diferencias entre ella y el resto de España. No puedo concebir sentimentalmente una Cataluña separada de España, porque amo, quiero y admiro a Cataluña con todas mis fuerzas. Muchos de mis grandes amigos son catalanes. He viajado a Cataluña en centenares de ocasiones y siempre me he sentido bien recibido, bien comprendido y plenamente feliz. Me enorgullezco del arte, la brillantez literaria, el sentido de la prosperidad y la buena educación de Cataluña. Me siento herido cuando oigo o leo desprecios hacia el resto de España de un catalán separatista, en muchas ocasiones, de un catalán mal estudiado, mal informado y perfectamente manipulado por el poder. Cataluña es España desde mucho más atrás que los 500 años de la unión de los Reinos. Jamás existió el Estado catalán. No hubo tal guerra de Secesión, sino de Sucesión. Fue una guerra que pugnaba por el trono de España, no por la separación de sus territorios. Es cierto que han existido agravios y desencuentros. Pero el peso de la memoria común y del abrazo sincero terminarán por derrotar a los separatistas. Cataluña es tan española como Castilla, y Barcelona tan española como Madrid. Con sus matices y rasgos, con sus rivalidades y virtudes, con sus defectos y distancias, no más agudas que las establecidas entre otras grandes ciudades europeas. Sin Cataluña, España sobreviviría amputada, y Cataluña sería una joya quebrada. Cataluña habla su lengua y la de todos. Con la suya se entiende y con la de todos comparte la palabra con más de cuatrocientos millones de personas en el mundo. Es mucho lo que el resto de España le ha dado a Cataluña, y mucho lo que Cataluña le ha ofrecido al resto de España. Sí, sí y sí a Cataluña. Siempre presente en el alma de los españoles que no buscamos límites ni fronteras. No, no y no a la estúpida locura de una independencia fuera de lugar, de tiempo, de motivos y de razones. Eso sí, aborrezco al «Barça».

ALFONSO USSÍA

NOTA: Todos los artículos aquí recopilados han sido publicados por el diario *La Razón* de Madrid.

Malvados

11 de septiembre de 2010

Desde que el parlamento de Cataluña, a instancias de una iniciativa ciudadana —habrá que creerlo—, prohibió por mayoría simple la celebración de corridas de toros en aquella autonomía, estoy intentando crear una corriente de solidaridad con los caracoles, hasta la fecha sin éxito. Se trata de un asunto sentimental y particularmente doloroso. Me considero, desde la infancia, un amante de los caracoles. Tienen cuernos, como los toros, pero no los usan para defenderse. Son criaturas vivas que sienten y se asustan, como los toros, pero carecen de poderío muscular para revolverse contra quienes los secuestran y meten en una bolsa con las peores intenciones. El caracol se refugia en su caparazón cuando percibe que una mano le arranca de su pequeño mundo. Y sufre. No conozco a nadie que haya acudido a un hospital como consecuencia de un ataque de caracol. Además, los caracoles cuentan con la simpatía de los niños. Resulta extraño lo de los animales. Un niño ve una rata y llora. Contempla un caracol y sonríe. Nadie le ha influido en el rechazo y la aceptación. Una babosa, prima hermana de los caracoles, les causa repulsión, y el caracol les anima y alegra.

No entiendo cómo una sociedad tan civilizada, desarrollada y amante de la naturaleza como es la catalana, puede disfrutar con la ingestión de caracoles. Un caracol no embiste con fuerza para ayudar a crear arte, pero es también un ser vivo. A un caracol no le permiten vivir en el prodigio de las dehesas durante cuatro años, bien cuidado y alimentado.

Se tienen que buscar la vida ellos solitos, y si nacen en Cataluña, su vida es muy breve. Los agarran, los matan, los cocinan, los salsean y se los comen. Me atormenta la sensibilidad figurarme que muchos de los parlamentarios autonómicos de Cataluña contrarios a las corridas de toros sean capaces de zamparse una veintena de caracoles y quedarse tan panchos. Se están comiendo con salsa la imaginación de los niños y las canciones de cuna. Siempre hay un caracol que saca los cuernos al sol en la figuración infantil. Si la sociedad defiende al sapo partero, al mochuelo moteado, al buitre leonado y al atún rojo, ¿por qué permite la masacre de caracoles en Cataluña? ¿Vale más la vida de un toro que la de un caracol? Al fin y al cabo, el toro de lidia es un maravilloso animal que el hombre ha creado y perfeccionado desde las ganaderías. El caracol, aunque también existan explotaciones dedicadas a su cría, es un molusco sensible al que no se le concede la oportunidad de encontrar el sitio en sus paisajes. Siempre hay una mano preparada para fastidiar su futuro. Tampoco me gusta cómo tratan a los cerdos en Lérida, pero intento centrarme en los caracoles. No me satisface saber que apenas quedan atunes rojos en el Mediterráneo catalán, pero intento centrarme en los caracoles. Comer caracoles es de ogro de cuento. Y ese asco de salsa. Y esa expresión de gula de los parlamentarios antitaurinos ante la visión de los pobres moluscos ya fallecidos y cocinados. Los ecologistas «sandía» de Cataluña no defienden al caracol. Hagámoslo desde el resto de España al grito de ¡Salvemos a los caracoles! Una belleza viva y un asco gastronómico. ¡Malvados!

La foto

15 de septiembre de 2010

Al español que menos le importa que unos remamahuevos quemen fotografías del Rey, es al Rey. Pero esa circunstancia no puede impedir la inmediata intervención de la Fiscalía. Parece ser que los «Mossos d'Esquadra» han recibido órdenes del Fiscal para que procedan a la identificación de los dos tontos del culete. Harán lo que les indique el consejero del Interior del Gobierno de la Generalidad, que podría haber sido uno de los encapuchados de ser algo más joven y mucho más ágil, porque después de quemar la foto del Rey, huyeron a lo que les daban las piernas.

Por más que lo he intentado, no he terminado de comprender el pavor que erosiona el sosiego de esas gentes cuando queman fotografías del Rey, o de la Reina, o Banderas de España. Nadie los persigue. Las cenizas no corren. Además, que las capuchas y pasamontañas no colaboran con la identificación. Pero la cobardía les puede. Los quemafotos se agobian con posterioridad a la culminación de sus juegos. Me los figuro alcanzando a toda prisa el portal de su casa, subiendo de tres en tres peldaños las escaleras, y abrazándose a sus madres para calmar los temblores propios del terror. —Mameta, ha sido muy peligroso. Y en la foto que hemos quemado, el Rey estaba vestido de Capitán General del Ejército español—. —Es que sois unos héroes—.

Para mí, que los «Mossos d'Esquadra», en el caso de recibir autorización del Consejero del Interior de la cosa esa con tres patas, tendrían que investigar en los hospitales y ambulatorios a los autores de esas fugaces pirotecnias. O en los establecimientos especializados en masajes después de un prolongado esfuerzo. Porque correr más sin tener quien les persiga es imposible. Además, que el esfuerzo de las zancadas sin perseguidor a la vista cansa más que con alientos nuqueros o tobilleros o musleros. En mi juventud, batí el récord de treinta metros sobre césped y entre plantas de hortensias con posterior salto de muro cuando huía de un «rotweiller» que guarda la casa de quien yo presumía me amaba apasionadamente. Acaeció en San Sebastián. Mi novia de entonces no me había informado de la existencia de la bestia, y al acudir a buscarla para llevarla a la «Montaña Suiza» —estaba prohibido lo de «Montaña Rusa»—, del monte Igueldo, la compacta y grácil máquina de morder se abalanzó sobre mí, y sólo gracias a mi capacidad para esquivar plantas de hortensias pude alcanzar el muro salvador. Aquella tarde me devolvió el rosario de mi madre y se quedó con todo lo demás.

Escapada natural y comprensible. Un «rotweiller» no es un juguete. Pero salir corriendo a toda pastilla después de quemar una foto del Rey en un guateque independentista, no tiene sentido. Nadie los intentó perseguir, y mucho menos, detener. Pelillos a la mar, porque con toda probabilidad los autores de la real hoguerita no van a ser identificados. Alguno de ellos podría ser hasta familiar o amigo del consejero del Interior de la gamberrada tripartita. Pero la detención es obligada en un Estado de Derecho, aunque sólo sea por respeto al Rey de todos los españoles, que dicho sea de paso y vuelvo al principio, le importa un rábano que dos menores incendien su fotografía.

España pide perdón

17 de octubre de 2010

El presidente del Parlamento de Cataluña, Ernest Benach, ha reclamado que España pida perdón por el fusilamiento de Luis Companys. «Espero que España demuestre que es una gran nación», ha dicho el peculiar exigente. Que toda una nación pida perdón por la muerte de un político setenta y cinco años después de los hechos, se me antoja exagerado. Ya no viven ni los que decretaron su muerte, ni los que lo apresaron ni los que apretaron el gatillo en el castillo de Montjuich. Tampoco viven los centenares de barceloneses asesinados con el conocimiento y pasividad de Luis Companys durante su terrorífica etapa presidencial. Y a ninguno de los hijos, nietos o biznietos de los inocentes asesinados se les ha ocurrido exigir que Cataluña pida perdón por los desmanes de las sangrientas turbas de Companys.

Según Benach, Inglaterra está obligada a pedir perdón por la muerte de María Estuardo y los Estados Unidos de América por la de Marilyn Monroe, que falleció en sospechosas circunstancias a causa del desánimo que le producía la vida americana. Si toda una nación tiene que pedir perdón por las ejecuciones realizadas a lo largo de su Historia, guárdese el turno cronológico correspondiente. El perdón por Padilla, Bravo, Maldonado y Mariana Pineda merecen anteceder al de Companys. Y para mí, muy especialmente, el del conde de Villamediana, gran poeta de nuestro Siglo de Oro, muerto de una puñalada por un embozado que servía a nuestro Rey y Señor Don Felipe IV, al que el conde le ponía los cuernos con asiduidad primaveral. Pero mi respeto y devoción literaria por el señor conde no me concede el derecho de exigir al Rey que pida perdón por lo que supuestamente hizo su antepasado, y menos aún, a España entera. Y aquella muerte tremenda y escandalosa del Caballero de Olmedo, cantada en un epigrama que es prodigio de sensibilidad y tristeza: «Que anoche le mataron / al Caballero. / La gracia de Medina, / la flor de Olmedo.» Para que ahora nos salgan los alcaldes de Medina del Campo y de Olmedo exigiendo a España que les pida perdón. Además, el Caballero de Olmedo, alzado por Lope de Vega, era un hombre de bien, generoso y justo, que no se dedicaba a permitir a los suyos que asesinaran a quienes como él no pensaban.

Pero Benach me ha dado una idea, y debo agradecérsela. En el tramo final del siglo XIX, vivía en Llodio, Álava, Lorenza Ussía y Menchaca, una joven tan bella como honesta. Lo que se dice en lenguaje sencillo, una «joven de acrisoladas virtudes». Se enamoró locamente de un vendedor de paños catalán, Sebastiá Pipiolas Monturull, hábil seductor. Lorenza cayó en las redes de Pipiolas Monturull a las primeras de cambio, y quedó preñada de la semillita depositada en su flor por el malandrín representante de productos textiles. Al saberlo, Sebastiá Pipiolas huyó hacia las Américas y dejó a la pobre Lorenza en situación más que comprometida. Débil de carácter, y acosada por la sociedad de su tiempo, Lorenza se suicidó. Mi pregunta es sencilla. ¿Está obligada Cataluña a pedirme perdón? ¿Es la Confederación de Industrias Textiles de Cataluña la responsable de la muerte de mi tía Lorenza? Espero que Benach me oriente y consuele.

Algo es algo

3 de noviembre de 2010

Si esto no lo arregla el imparable atractivo personal de Celestino Corbacho, el socialismo en Cataluña está a punto de darse un batacazo. Pero morrón, y de los gordos, el que se dispone, según las encuestas a abrir ERC. Con un canto en los dientes se daría Puigcercós si su formación política obtuviera la mitad de los escaños que hoy piden los culos independentistas. Si se diera el caso de que CiU no consiguiera la mayoría absoluta, no resulta arriesgado pensar que el Partido Popular adquiriría en Cataluña una importancia que se le ha negado hasta nuestros días. No obstante, ERC no lo pierde todo. Les queda la lanza que un jefe de tribu del Amazonas le regaló al «pueblo de Cataluña» y que Carod Rovira, receptor del punzante artilugio, se guardó para sí porque en su despacho quedaba muy mona y decorativa. Las cañas se vuelven lanzas, dice el refrán. Y nunca mejor dicho.

ERC, con el entusiasta apoyo del charnego mayor del Reino, se ha gastado el dinero de los contribuyentes catalanes abriendo embajaditas en todo el mundo que no sirven absolutamente para nada. Embajaditas encomendadas a embajadorcitos enchufados carentes de toda representación y eficacia. Un derroche inútil. Se recuerda, con gran regocijo, la oportuna inauguración de la embajadita de Cataluña en Nueva York, el mismo día y a la misma hora que Obama era proclamado en Washington Presidente de los Estados Unidos de América. Uno de los pocos concurrentes a la embajadita reveló que Carod-Rovira y su numeroso séquito se sintieron patrióticamente obligados a comerse todas las butifarras y caracoles que la Generalidad de Cataluña había enviado hasta Nueva York.

Los independentistas —incluyo a los terceros socios de ICV-Los Verdes, que no son otra cosa que los comunistas de toda la vida recubiertos de lechugas—, han mantenido en la presidencia de la Generalidad a un señor de Córdoba que no sabe hacer la «o» con un canuto.

Todo a cambio del protagonismo y acceso a los fondos autonómicos que el señor de Córdoba que no sabe hacer la «o» con un canuto les ha facilitado para dilapidar en tonterías y aldeanismos todos los millones de euros posibles y probables. Los catalanes no son amigos del derroche y el ridículo, y el castigo electoral se veía venir, aunque quizá, no tan contundente. Quien no tenga la fortuna de conocer Cataluña, podría pensar, por la política desarrollada por estos tres desdichados partidos, que aquello es un pueblo, cuando en realidad, es un prodigio de inteligencia, nervio, creatividad y riqueza. La imagen del «Tripartito» —en correcto español habría de escribirse y decirse Tripartido—, ha superado con creces el límite grosero de la gamberrada. Detallar o relacionar los errores políticos, sociales y económicos de este grupo de aprovechados merece el espacio que se reserva a una enciclopedia.

Pasadas las elecciones, es de esperar que con el mismo arrojo que Artur Mas ha demostrado pidiendo a Scarlett Johansson el número de su teléfono móvil, reduzca la intensidad de sus reivindicaciones soberanistas y se convierta en el presidente del Gobierno Autonómico de Cataluña desde una Generalidad renovada y seria. Y sin notarios. Existen muchas probabilidades de que su comodidad en la gobernación dependa de los injustamente tratados como apestados. Y Carod-Rovira, que se quede con la lanza, que algo es algo.

Chorradas

24 de noviembre de 2010

Si algo molesta de Esperanza Aguirre a sus adversarios políticos, aparte de su demostrada capacidad, es su lenguaje directo, llano y alejado de lo políticamente correcto. Nadie mejor que ella ha resumido lo que le conviene a Cataluña. «Cataluña necesita un Gobierno que se deje de chorradas.» El ex Presidente de la Generalidad de Cataluña, Jordi Pujol, lo reconocía meses atrás: «Me parece que hemos perdido demasiado el tiempo en asuntos menores.» Cuando se inauguró la Torre Agbar, ese portentoso balón de rugby de luz cambiante alzado en Barcelona, un alto dirigente de Aguas de Barcelona oyó el siguiente diálogo entre uno de los arquitectos y el, por entonces, Presidente de la Generalidad, Pascual Maragall. El arquitecto se refería a la gran profesionalidad de los trabajadores. Y Maragall, muy complacido, le preguntó: «¿Hablaban con ellos en catalán o en español?» Una chorrada.

Como el apoyo de los cejeros disidentes. Un total de cincuenta y cinco personas, o lo que es igual, una inabarcable muchedumbre del presumible «ámbito cultural» le ha puesto los cuernos a Zapatero y Montilla con Joan Herrera, del que se dice que es el candidato de ICV, Iniciativa-Los Verdes, a la presidencia de la Generalidad. Demasiado disfraz. Es el candidato comunista, y punto. El manifiesto resulta surrealista y poco pragmático. Su lema es divertido: «Si yo viviera en Cataluña votaría a Joan Herrera.» Lo firman, entre otros, Pedro Almodóvar, Joaquín Sabina, Ismael Serrano, Pilar Bardem, Antonio Banderas, la inevitable Almudena Grandes y el redactor, antes zapateril, Manuel Rivas. A Joan Herrera, según sus palabras, le ha emocionado sobremanera el detalle. He sabido que en julio del 2011 se celebran elecciones municipales en Islandia. Y he reunido a más de cincuenta y cinco firmantes, otra multitud, de un manifiesto de apoyo a la candidata del Partido Liberal Vigdis Fribogadottir. El lema no puede ser otro que «Si yo viviera en Reijkiavyk votaría a Vigdis Fribogadottir».

Un viejo amigo, muy «progre» en la apariencia y poco coherente en su vida personal, simpático, bravo y altanero, me lo decía con pasión unas semanas antes de celebrarse las elecciones a la Presidencia de los Estados Unidos: «Apoyo sin fisuras a Obama.» Es nacido en Albacete y vecino de Pozuelo de Alarcón. Se lo dije: «Pues apresúrate a hacerlo público porque a Obama le va a hacer mucha ilusión tu apoyo sin fisuras.» No lo hizo, pero se demostró posteriormente que su apoyo fue fundamental para que Obama llegara hasta donde ha llegado, que no está al alcance de cualquiera. El comunista «sandía» ha declarado que es un motivo de orgullo y satisfacción el apoyo de estos personajes que le votarían si vivieran en Cataluña. El problema es que casi todos ellos viven en Madrid, y mi asesor electoral me asegura, que si bien todo se andará, todavía no nos dejan votar a los ciudadanos madrileños en Cataluña, pues en tal caso la presidenta de la Generalidad sería Esperanza Aguirre.

La profesión de apoyador sin apoyo es como la de agradador de señoritos que tanto se daba en la Andalucía de mediados del pasado siglo. Una profesión, como poco, extravagante. Puede ser motivo de satisfacción y orgullo, pero no sirve para nada. Ese ámbito cultural al que pertenecen los firmantes que no pueden votar es original, pero poco práctico. Una chorrada más, nube que se deshace, hoja que cae, redacción a la papelera y aerofagia de colibrí. En resumen, nada de nada.

La guerra tribal

28 de noviembre de 2010

Por primera vez en muchos años —mójome el trasero—, estoy convencido de que el Real Madrid puede ganar al Fútbol Club Barcelona en el Camp Nou. Cuando a una persona todo le sale mal, no puede salirle bien ni el fútbol. Me refiero a Zapatero, está claro, que ha vaticinado una contundente victoria del «Barça», el equipo de sus amores, su amada tribu.

El fútbol, cuando la rivalidad histórica se impone, se convierte en una guerra tribal. Aparecen los guerreros con diferentes pinturas y el pueblo ruge. La alegría del gol reúne a los guerreros en un abrazo. Y el pueblo se levanta de sus asientos o se desmorona sobre ellos. El grito. Nadie que se identifique con una gran tribu futbolística se calla ante la desgracia del adversario. Todo se celebra. Y la victoria permanece durante un trimestre, hasta que las tribus vuelven a encontrarse en el territorio de la otra. No hay perdón ni medias tintas. Emociona más que la victoria de la tribu propia la derrota de la contraria. He vivido las nueve copas de Europa del Real Madrid. Nueve alegrías tribales celebradas con vítores y júbilo desmedido. Pero la mayor felicidad que recuerdo es la derrota del «Barça» ante el Steaua de Bucarest en la final de Sevilla. El Steaua del sangriento Bucarest de Nicolae Ceacescu, pero ese detalle se me antojó secundario. Quien afirma, siendo del Real Madrid, que desea en Europa la victoria del «Barça» por tratarse de un equipo español, no siente el fútbol. Es imposible compartir la alegría con la tribu enemiga. Y lo de español, está abierto a la discusión. Lo es, pero no lo parece. Y lo será, pero seguirá sin parecerlo. De ahí que no entienda a quienes, nacidos fuera de Cataluña y lejanos a su pálpito diario, pertenecen a la tribu del «Barça». Claro, Zapatero. Ese resentimiento contra lo español de nuestra izquierda desnortada. Si el Real Madrid ha sido el club que mejor ha representado a España más allá de nuestras fronteras, el antimadridismo adquiere tintes ideológicos. Prefiero lo que representa mi tribu.

Aunque a muchos les produzca la hinchazón del hígado.

Pero el enemigo, por serlo, no puede ser despreciado. La tribu del noreste ha ganado en muchas guerras en los últimos años. Y con merecimiento. De ahí el aumento tribal de la enemistad. Ellos también han sufrido durante décadas la humillación de la derrota. Además, su pueblo vociferante se toma más en serio lo del balón que el nuestro, y por ello es más apasionado en el gozo y en la pena. Estoy en condiciones de reconocer que no existe placer que más me colme que una derrota del «Barça» en su estadio. Esas caritas, esos niños inocentes que vuelven a casa con sus padres destrozados por la amargura, esos gestos de crispación que presagian declaraciones de independencia, me hacen disfrutar sobremanera.

Gana el Real Madrid y se acuerdan de Franco, o de Felipe V, o Wilfredo el Velloso, allí llamado «El Pilós», que resulta más divertido. La tribu de arriba le concede más trascendencia a estas batallas. Si pierden el lunes, tienen el consuelo de la Unesco y «los castellers», que ya son patrimonio de la humanidad aunque los niños de arriba se den unos morrones de aúpa.

Zapatero lleva errado y negado mucho tiempo. Si pierde el «Barça», se tiene que ir. A eso se le llama aprovecharse de una situación paralela, pero me pone cachondo figurármela.

Messi: cuatro escaños

30 de noviembre de 2010

Hoy, centenares de analistas y aspirantes a serlo comentan los resultados de las elecciones catalanas. Toni Bolaño escribe que ha ganado el separatismo y que no es buena la noticia. Respeto su opinión pero no la comparto. No me figuro a Artur Mas metido de golpe en fregados escisionistas, y menos aún con Duran y Lleida como principal soporte. Se trataba de rescatar a Cataluña del nefasto y hasta nauseabundo Tripartito. Y han sido los catalanes los encargados de hacerlo. Subidón de CiU, gran resultado de Alicia Sánchez-Camacho y el Partido Popular —Rajoy ha intervenido, y mucho, en la campaña electoral—, y descalabro del socialismo y el independentismo agresivo y pueblerino de Esquerra Republicana. Los ecocomunistas de ICV también pierden, los Ciudadanos de Rivera se mantienen y Messi que no se presentaba, y además es argentino, ha conseguido cuatro sorprendentes escaños. La sociedad catalana, se ha demostrado de nuevo, es una macedonia de frutas. En esta ocasión, los resultados han sido tan diáfanos, que Montilla y Puigcercós han tenido que reconocer su fracaso. Es el mismo fracaso, porque uno y otro son corresponsables del naufragio catalán.
El partido de Rosa Díez, UPyD, se ha quedado en calzonas silvestres. Cataluña necesitaba claridad en los mensajes, y este grupo político no puede darla por imperativos de incapacidad. El gran derrotado de estas elecciones es Zapatero. No hay que ser analista político para entrever que en Cataluña ha principiado su gozoso desmoronamiento. Gozoso para

España, quiero decir. A partir de hoy, lo que quedaba de Gobierno de España se somete a su paulatina descomposición. Zapatero se ha cargado también a Rubalcaba. A este hombre no hay quien lo detenga en su labor destructiva. Chacón no existe. La ministra de Defensa tuvo el detalle de acompañar a Montilla en su llanto de despedida. Sonreía como dijo el poeta, «con la melancolía de las lágrimas contenidas». No me pregunten por la identidad del poeta en cuestión porque la ignoro. Pero ahí estaba la ministra dando la cara y rompiéndosela simultáneamente. Otra víctima de Zapatero. Al paso que lleva el fotografiado de La Moncloa se va a quedar sólo con Leire Pajín, que aguantará hasta el hundimiento, a no ser que decida recuperar la vida en familia que le procura Benidorm.

Las derrotas de ERC e ICV son locales. Como el éxito de Messi con sus cuatro escaños. Pero los triunfos de CiU —por su interés en la futura gobernación de España— y del Partido Popular pertenecen a otra dimensión. Lo mismo que el descalabro del socialismo, que se anuncia ya sin posibilidad de recomponerlo, en todo el territorio nacional. Desde hoy, la pregunta «¿Vas a seguir, José Luis?», se convertirá en una obsesión reiterativa en todas las sedes socialistas. Hoy por hoy, el Partido Popular ganaría en Andalucía, en Extremadura y en Castilla-La Mancha. El socialismo ha perdido su feudo catalán. ¿Aguantará Zapatero hasta el naufragio definitivo? De acuerdo con su sentido del patriotismo, «Yo soy lo más parecido a la Patria», es probable que sí. Siempre que los suyos lo toleren, que está por ver. España, a partir de Cataluña, ha recuperado el viento que sopla en Europa. Un centroderecha liberal que nos acerque a la salvación económica.

Bien por Cataluña, a pesar de los cuatro escaños de Messi, que es en verdad quien los ha conseguido.

Ni pirsin ni leches

18 de diciembre de 2010

Lo lamento. A partir de hoy, *La Razón* va a abrigar en sus páginas a un mendrugo ortográfico. Me molestan las nuevas reglas. Seguiré acentuando truhán, guión y Mahón. Faltaría más. Y cuando me refiera al Papa o al Rey, pulsaré siempre la tecla de la mayúscula. En el caso, muy poco probable, de tener que referirme al «piercing», lo haré entrecomillando la palabra, pero ni pirsin ni leches. Se lo escribí a la más bella mujer que luce un «piercing» en la nariz. «Tiene un "piercing" donde la napia altera / su ritmo vertical y en valle crece.» Lo de pirsin me suena a broma, a 28 de diciembre, a matasuegras. La Real Academia Española ha permanecido en silencio con las cursilerías autonómicas. Eso, «La Generalitat», el «conseller», el «zulo» y demás voces. El Presidente Tarradellas, cuando hablaba en español pronunciaba «Generalidad» y «consejero». Como la estupidez de «Girona» y «Lleida» metida con calzador en el idioma español. Gerona y Lérida, así de sencillo. Como la bobada —y culpa de ello tiene la Junta, que no «Xunta», de Galicia de tiempos de Fraga Iribarne—, de cambiar La Coruña por «A Coruña», para vestirse de cursi modernidad. Además, que «A Coruña» en gallego sería «A Corunha». Cuando se habla en una lengua, se respeta esa lengua, sin macedonias de frutas ni revueltos de distintas setas silvestres. Silenciosa Real Academia Española con «Girona», «Lleida», «Generalitat» y «A Coruña». Y de golpe, las muy antipáticas reglas ortográficas. Pues nada, a partir de ahora, a escribir con faltas.

«Se elimina la tilde de guión.» Les encanta lo de la tilde, que en mis tiempos colegiales se llamaba acento. Me siento muy feliz con mi lengua, en la cual se acentúa y se tilda. Pero prefiero la primera acción que la segunda. Tildar, en el fondo, es señalar o presuponer la condición humana de un semejante. Lo decía indignada, y con sobrada razón, en una carta dirigida a Wenceslao Fernández-Flórez, la exquisita marquesa viuda de Fromigó, víctima de un encuentro casual. Que la marquesa viuda salió del Museo del Prado por la puerta que da al Real Jardín Botánico, y allí se topó con el autor de «El Bosque Animado». Se conocían, se saludaron, conversaron, pasearon y aquí paz y después gloria. Pero también se hallaba por ahí el escritor Antonio de Marichalar («Riesgo y Ventura del Duque de Osuna»), y éste interpretó erróneamente el paseo de don Wenceslao y la marquesa viuda de Fromigó, y le dio a la húmeda, y en Madrid corren los rumores como atletas de Eufemiano, y claro, la carta a Fernández-Flórez de la marquesa viuda: «Lamento comunicarle, don Wenceslao, que nunca más volveré a hablar con usted. Por una vez que lo hago y por brevísimo tiempo, me tildan de zorra», eso es la tilde, y no el acento.

Si me lo permiten, voy a intentar seguir escribiendo como hasta hoy. No tengo edad para examinarme de Ortografía y sacar un aprobado ramplón. En mis años colegiales, la Ortografía era fundamental, como la Caligrafía, la Lectura, el Latín, la Redacción y otras bobadas despreciadas por la modernidad. La Real Academia Española hace muy bien en aceptar las modas lingüísticas de la calle, pero no acierta inventándolas. Hay un trasfondo de cursilería en las nuevas normas ortográficas. Lo de pirsin es más cursi que un quinqué. Y por encima de todo, planea el silencio ante las voces autonómicas admitidas en el idioma común que ya las tenía resueltas.

Así que ni pirsin ni leches.

De plenitudes

29 de diciembre de 2010

Con la palabra y las ideas se puede aspirar a todo. En esa posibilidad se reúne una buena parte de lo que consideramos la libertad. El nuevo Presidente de la Generalidad de Cataluña, el señor Mas, es un hombre de palabras y de ideas, y por ello, digno de atención y respeto. En su toma de posesión, y asomado al balcón principal que se abre a la plaza de San Jaime, el señor Mas ha prometido al público allí congregado la «plenitud nacional». La promesa es una intención revestida de solemnidad, nunca una amenaza, y por ello, digna de atención y respeto. Se pondrá de moda la fórmula. En lugar de «independencia», a partir de ahora «plenitud nacional». Ya están cambiando las pancartas para la próxima manifestación batasuna. «Plenitudoa nazionarra.» No se dice así, pero sale cachondo. La «independentzia» no les ha servido de mucho, ni a los nacionalistas vascos ni a los catalanes. Pero se ha abierto una ventana con la plenitud nacional de Mas. Carlos Cano, no el gran cantante, sino el estupendo poeta satírico y epigramático de la agonía del siglo XIX, era amigo de un tal Blas que visitaba con frecuencia a la mujer de otro tal Mas, que nada tiene que ver con el nuevo Presidente de la Generalidad de Cataluña, pero da a entender lo difícil que resulta lograr plenitud. No sólo la plenitud nacional, sino la conyugal, infinitamente más modesta. Y escribió: «A la mujer de Mas, Blas / la visita por demás, / y según propios y ajenos, / para la mujer de Mas / lo de Mas es lo de menos.» Prometer plenitudes es tan honesto como arriesgado. Sobre todo, cuando la plenitud prometida significa irremediablemente el hurto de la plenitud de otros. El señor Mas afirma que Cataluña es una realidad y España un producto artificial. Le ruego al señor Mas que acepte mi desacuerdo. Cataluña es España, la Joya de la Corona, desde mucho antes que se estableciera la nación española como tal. Puede ser artificial la españolidad de Río Muni. Y prueba de ello es que ya no es España. Pero Cataluña es más española que la espalda de una modelo de Romero de Torres. El Reino de Aragón, señor Mas, y de ahí su Señera. El Príncipe de Gerona, señor Mas, Heredero de la Corona de España. El Conde de Barcelona, señor Mas, el Rey de España. Y de los colores de la Señera del Reino de Aragón, aragonesa y catalana, valenciana y balear, el culto y napolitano Rey don Carlos III, que Dios Guarde, el que pasó a la Historia como el mejor Alcalde de Madrid, escogió el diseño de la bandera de la Real Armada —la española—, que se convirtió poco después en la Bandera de España, es decir, la de todos, la de la plenitud nacional. Demasiadas coincidencias artificiales y artificiosas, señor Mas. Me satisface verlo custodiado por sus leales «Mossos d'Esquadra», que no son otros que los herederos de los leales Mozos de Escuadra creados por el Rey don Felipe V, que Dios Guarde también, y al que ustedes no le tienen excesiva simpatía, que ya se sabe que la simpatía y la antipatía también son tesoros íntimos de la libertad.

    Esperanza Aguirre, su homóloga de Madrid, fue preguntada en Cataluña por las razones del extraordinario crecimiento de la Comunidad madrileña. Y ella respondió sin titubear. «Porque allí nos dedicamos a trabajar y no perdemos el tiempo en bobadas identitarias.» Para mí, señor Mas, que lo de la plenitud nacional es una bobada identitaria de gran dimensión y de consecución más improbable que complicada. Pero no se desanime. Para ello ya ha empezado a echar mano de sus enemigos naturales, los socialistas. Tanta elección y tanta murga para seguir gobernando con los mismos que han rechazado los catalanes. Por ese camino, cualquier plenitud es imposible, excepto la plenitud demencial.

Cochinos

4 de febrero de 2011

España está atiborrada de cochinos. Nadie se alarme. Me refiero al jabalí (Sus Scrofa), y en concreto al jabalí catalán (Sus Scrofa Convergentis) cuyo número de ejemplares se ha quintuplicado en los últimos años. El jabalí, para los amantes de la caza, o de las costumbres de la caza y de la literatura venatoria, es el cochino. También se le denomina marrano, puerco, guarro o gorrino. En catalán es el «porc senglar» que queda mas fino. En los próximos meses se podría extender su denominación. «Porc senglar sioux», por razones que más adelante intentaré analizar. Lo cierto es que este suido, el más atractivo y singular para los monteros, no pasa por circunstancias cercanas al peligro de extinción. Días atrás, en Pozuelo, un grupo de amigos fumadores echaban un pito a las puertas de un restaurante acatando la ley autoritaria de las dos nenas (la Pajín y la Jiménez) cuando fueron visitados por una piara de cochinos deseosos de encontrar alimentos en los cubos de basura. El cochino es casi ciego, pero su oído y olfato están desarrolladísimos. Quien escribe hizo en su día un gran descubrimiento, todavía no reconocido por la ciencia. A los cochinos lo que más les gusta es la merluza rebozada. Hace años acompañé a un amigo cazador a su puesto en una montería. El viento soplaba a nuestras espaldas y dábamos el aire a las reses. Mi amigo estaba desesperado porque en esas condiciones los cochinos no rompen por los puestos. En vista de ello, nos planteamos pasar un agradable día en la sierra. Bota de vino y aperitivo. Había llevado desde Madrid filetes de merluza rebozada y abrí el recipiente para disfrutar de sus delicias. A los pocos minutos empezaron a entrar cochinos, directos hacia el puesto. Nadie en aquella armada pegó un tiro, pero mi amigo se hizo con siete guarros gracias a la merluza rebozada. La caza es así, inesperada y caprichosa.

En Cataluña, su Parlamento prohibió las corridas de toros por el sufrimiento del animal. Los «Corre-bous» no los prohibieron aunque el toro sufra más que en una corrida, por aquello de la «identitat». Y ahora, la Generalidad de Cataluña ha autorizado cazar jabalíes con arcos y flechas. De ahí mi amago en referencia a los sioux. Durante el mes de febrero se autorizará la caza del jabalí con arco y flechas en el Parque natural de Collserola, vivero de los cochinos que visitan cada noche diferentes barrios barceloneses. Ello nos obliga a la reflexión y la prudencia. Moderen sus impulsos senderistas y naturalistas y no vayan en febrero a Collserola, porque pueden volver con una flecha atravesando sus corvas.

El jabalí es duro y resistente. Una bala del 30-06 alojada en un órgano vital no lo mata al instante. El jabalí se defiende y si tiene oportunidad, lógicamente enfadado por la herida, ataca. Un buen montero es aquel que se juega la femoral rematando al guarro a cuchillo para que deje de sufrir. Dudo mucho que los prohibicionistas de los toros sepan interpretar el sufrimiento de los animales. Un jabalí herido por una flecha puede recorrerse en tres días, con la flecha clavada en su cuerpo, la distancia que separa Collserola de Sierra Morena. Y es una cabronada de aúpa. Con arcos y flechas Collserola se va a convertir en un congreso de cochinos heridos y cabreados, y le estaría bien empleado al ideólogo de la ocurrencia el toparse con un cochino herido por una flecha. De la primera cuchillada le dejaría sin dídimos, que es la forma elegante de escribir «huevos». En fin, una bobada más del cinismo identitario. Toros no, pero jabalíes atravesados por flechas, sí. No me busquen en Collserola este mes de febrero.

El ignorante

6 de febrero de 2011

Hay mucho de buenismo de marketing en el entrenador del F. C. Barcelona, Guardiola. Voz siempre sosegada, ademanes finos y palabras respetuosas. Va uniformado de independentista y nada tengo que oponer a sus ideas y sueños. Pero le acompaña también la ignorancia despectiva. Se le ha pedido su opinión acerca del marquesado que el Rey ha concedido a Vicente del Bosque, y su respuesta no puede considerarse ni inteligente, ni culta ni simpática. «¿Marqués yo? En Cataluña no hay de eso.» Guardiola se ha equivocado. En Cataluña hay un montón de eso, muchísimo de eso, más que en la mayoría del resto de las regiones de España. El que escribe no puede conocer Cataluña como el señor Guardiola, pero le aseguro que la densidad de duques, marqueses, condes, vizcondes y barones catalanes nada tiene que envidiar a las del resto de España. Sin ir mas lejos, uno de los mas grandes dibujantes que hay actualmente en España, ilustrador cimero y que firma como «Barca», es conde del Llobregat. Su hijo es el vizconde de Monserrat —sin t intercalada—, descendientes ambos de don José Manso y Solá, teniente general de los Reales Ejércitos. Escribiré de memoria. Castelldosrius, Castell Florite, Güell, Samaranch, Agelet, Lamadrid, Alguero, Mencos, Andreu, Arnús, Aymerich, Balaguer, Baldoví, Barceló, Sert, Benlloch, Bermell, Bertolá, Bertran, Bosch, Cabanyes, Calabuig, Campany, Campdera, Subirats, Canals, Montoliú, Caralt, Suelves, Carlés-Tolrá, Vilallonga, Villalonga, Marsans, Casanova, Castellví, Oriol, Ferratges, Catalán de Ocón, Cavanilles, Baux, Cistué, Solá, Clement, Muntadas, Cotoner, Cremades, Crespi de Valldaura, Bosch-Labrús, Cruylles, Brunet, D'Ornellas, Gassol, Delás, Despujol, Desvalls, Maristany, Duplá, Escassi, Estadella, Fábregas, Falcó, Cruzat, Finat, Fontcuberta, Sentmenat, Fortuny, Godó, Ricart, Lara Bosch, Puigcerver, Llosent, Malet, Rivas, Mayans, Mercader, Milá, Sagnier, Mirapeix, Mitjans, Montagut, Montaner, Monturas, Lacambra, Morell, Morenés, Moxó, Prim, Mussó, Nadal, Oró, Osset, Palá, Rosselló, Pallejá, Vinardell, Masiá, Tarradellas, Escrivá, Picornell, Prat, Puigmoltó, Pries, Puig, Puigdorfila, Pujadas, Pujol, Castell, Camps, Recasens, Recolons, Rialp, Robert, Romeu, Rovira, Rumeu, Sabater, Saliquet, Salvatella, Samá, Creixach, Sanllehy, Sellés, Semprún, Serra, Rexach, Sicart, Subirats, Tamarit, Juliá, Sardañola, Trías, Truyols, Vilá, Viñamata... Todos estos apellidos están actualmente ligados a un título nobiliario. Se me han pasado, al menos, los mismos que he relacionado. Guardiola no sabe nada de Cataluña ni de marqueses. Sabe de fútbol y mucho. Entrena al mejor equipo del mundo y su palmarés deportivo —especialmente como entrenador— puede alcanzar alturas inigualables.

Pero en Cataluña claro que hay mucho de eso. ¿Cómo no tratándose de un principado cuya capital se sitúa en el condado más representativo de la Corona de España? Para mí, que Guardiola está celoso y ha querido establecer una distancia con Vicente del Bosque, el marqués de Del Bosque, que es un marquesado formidable, porque en el primer titular o el que engrandece un título heredado está el mérito, y no en la recepción de honores de sus antepasados.

Perdón por la agotadora relación de apellidos catalanes con título nobiliario al día de hoy. «¿Marqués yo? En Cataluña no hay de eso.» Se trata de responder a un tontaina.

El niño Oriol

15 de abril de 2011

La familia Pujol no es fácil de entender. Son muchos. Jordi Pujol es un inteligentísimo político que sembró independentismo en Cataluña durante décadas mientras en el resto de España se le consideraba un «hombre de Estado». Le encanta el jamón cortado en finísimas lonchas. Habla muy bien varios idiomas —su español es perfecto—, pero ha dedicado tanto tiempo a la política que no ha terminado de pulirse en las cortesías. En cierta ocasión, convidó a comer en el Palacio de San Jaime a un grupo representativo de *ABC*, en el que nos incluyeron a Antonio Mingote y a mí. Creo recordar que nos trasladamos a Barcelona Guillermo Luca de Tena, Luis María Anson, Mingote y el que escribe. Allí nos encontramos con Mauricio Casals y el que era delegado de *ABC* en Cataluña, Tomás Cuesta. Llegamos al Palacio de la Generalidad con un agujero en el estómago, y en pleno aperitivo, con gran ilusión, advertimos la aparición de un solemne camarero que portaba una bandeja jamonera.

La depositó en el lugar de la mesa más próximo al Presidente Pujol, y éste se comió todo el jamón. Después nos ofreció una formidable comida, pero del jamón nada más se supo. En aquel almuerzo, Pujol se mostró más español que la morena de Julio Romero de Torres. Y nos explicó el difícil equilibrio que tenía que mantener desde su cargo institucional para no herir la sensibilidad de su partido, que era hondamente nacionalista, pero nunca independentista. Esas cosas no las entendemos demasiado bien los que vivimos en la meseta, pero en fin...

Y ya en el distendido ambiente del postre, nos confesó que ese equilibrio tenía que mantenerlo también en su casa, porque entre sus hijos había de todo, y su propia mujer, Marta Ferrusola, era partidaria de un catalanismo mucho más radical.

Meses más tarde se celebró otro almuerzo en la Generalidad. Los invitados eran los altos representantes del olimpismo español, entre ellos —obligado era—, el presidente del COE, Carlos Ferrer Salat, y el vicepresidente, Alfredo Goyeneche, conde de Guaqui. Goyeneche, un donostiarra madrileño —como tantos— y un señor como la copa de tres pinos, se sentó a la izquierda de la señora de Pujol. Ésta se dirigió a Goyeneche en catalán. —Señora, me encantaría hablar catalán, pero no sé hacerlo. Nací en San Sebastián y vivo en Madrid—; entonces la señora Ferrusola resolvió el problema de peculiar forma: —Entonces hablaremos en francés—. Oída la frase, el vicepresidente del Comité Olímpico Español se disculpó ante el Presidente de la Generalidad, se levantó de su asiento y se fue a comer al restaurante «Semon».

Escribo esto porque entre los hijos Pujol también se da esa aparente diferencia entre el nacionalismo y el independentismo. Jordi Pujol hijo se mueve mucho por Madrid y representa el catalanismo de Estado que disfrazó a su padre. Es bien recibido en todas partes y cuenta con el respeto de la Villa y Corte, tan abierta a todas las ideas. Pero el niño Oriol es diferente. Ese sale a mamá. Promueve el independentismo a ultranza. Vota con entusiasmo en los refrendos inútiles. Creo que era el que portaba la pancarta preolímpica de «Freedom for Catalonia». No recuerda que su padre ha sido un español privilegiado en todos los sentidos, y que a pesar de su doble juego, y más aún, a pesar de que ya se ha quitado la máscara del nacionalismo razonable —esto que he escrito es más que contradictorio, imposible—, todavía cuenta con la simpatía de muchos españoles no catalanes. No pierda ese tesoro permitiendo que su hijo Oriolín le destroce su estrategia. ¿Qué harían los Pujol sin España?

La costumbre

22 de abril de 2011

El presidente del «Barça», señor Rosell, haciendo uso de su elegancia innata, adelantó que el resultado de la final de la Copa del Rey —de España o de Espanya según el gusto de cada cual—, sería un 5-0 a favor del Barcelona «para no perder la costumbre». A su lado se hallaba el muy Honorable Presidente de la Generalidad de Cataluña —o Catalunya, según el gusto de cada cual—, algo más modesto. Su pronóstico se inspiró en la grímpola cuatribarrada del Reino de Aragón. «Será un 4-0 en homenaje a las cuatro barras de nuestra bandera.» Es decir, un vaticinio bastante paleto y ajustado a la aldea. Ni costumbre ni bandera. Creo recordar que al final ganó la Copa de Su Majestad el Rey el Real Madrid por un gol a cero. No puedo asegurarlo, pero mis informadores futbolísticos así me lo dicen, no tengo motivos para sospechar de sus buenas fuentes.

Una buena parte de la masa futbolera proveniente de Barcelona abucheó a los Reyes. Está en el guion. Y una buena parte de la masa madridista ovacionó a los Reyes, que también se contempla en el argumento. Para mí, que es más lógico el aplauso que el berrido, por respeto a las personas y a la Institución que encarnan, además de la razón de sus presencias. Se disputaba al final de su Copa, de la Copa del Rey que ha impulsado la descentralización del Reino y el establecimiento de las autonomías, y ese detalle, por lo menos, merecía la venia de la cortesía. Sucede que la aldea anda últimamente un celemín airada. Todavía se recuerda la pregunta que le formuló el preanterior Presidente de la Generalidad, Pascual Maragall, a uno de los arquitectos de la bellísima Torre Agbar el día de su inauguración. «¿Se trabajaba en catalán o en español?» El arquitecto le respondió que en catalán y Maragall se puso muy contento, aunque era mentira. En esas minucias pierden el tiempo, como les dijo Esperanza Aguirre a los empresarios catalanes en Barcelona cuando uno de ellos le preguntó por las causas del gran desarrollo industrial en la provincia de Madrid. «Sinceramente, porque allí nos dedicamos sólo a trabajar y a no perder el tiempo discutiendo por cosas secundarias.»

Asumo que este artículo va a sentar como un zumo de naranja de los que ofrece «Iberia» en el desayuno a muchos de mis lectores. No lo pretendo. Cataluña en general y Barcelona en particular están en mi corazón y mi alma profundamente arraigadas. Siempre han sido un modelo de buena educación y cortesía. Pero el nacionalismo —mejor escrito, el independentismo— ha quebrado su antigua armonía. Los mesetarios acudíamos a Barcelona con la admiración clavada en la mirada. Y en Cataluña, donde siempre se habló su cultísima lengua, se practicaba el bilingüismo con absoluta naturalidad. De joven, y para no perder matices del original, leí a Salvador Espriu en catalán ayudado de un diccionario. No me resultó fácil, pero me compensó el esfuerzo, aunque sólo fuera para corresponder a la amabilidad y el cariño que siempre había recibido de Cataluña y los catalanes. En la actualidad, y es de esperar que pase la nube de la absurda singularidad, muchos catalanes han confundido el apego a su lengua y sus tradiciones con el odio a España, que es también su Patria, y al español, que es también su lengua, y a sus tradiciones, que son también sus tradiciones, porque un catalán en Canarias es tan canario como el que más, y en Madrid tan madrileño como este servidor de ustedes. Cataluña no merece destacar en la antipatía. Menos arrogancia. Lo de menos es un resultado de fútbol. Lo grave está en la trastienda anímica.

Sin confundir

29 de abril de 2011

He recibido toda suerte de llamadas y airadas reacciones acerca del final del artículo que escribí al término del partido Real Madrid-Barcelona. Por vez primera, me han llamado «antiespañol», lo que todavía me tiene confundido.

Finalizaba así: «Pero no hay que regodearse en la pocilga. El Madrid ha perdido por sí mismo y a los madridistas sólo nos queda la esperanza del Manchester.» Un cínico seguidor del «Barça», nacionalista, me agradece que haya reconocido con estas palabras que España, Cataluña e Inglaterra son tres naciones diferentes. No. España e Inglaterra lo son, pero Cataluña es España, y el «Barça» es un club español que juega la Liga de Campeones por ser, precisamente, el campeón de la Liga española.

La rivalidad es así. El noventa y nueve por ciento de los aficionados del Barcelona quieren que pierda siempre el Real Madrid. Y a los madridistas nos sucede lo mismo. Un bético disfruta más con la tristeza sevillista que con un triunfo del Betis, y el sevillista, lo mismo de lo mismo si el derrotado es el Betis. Entre el Inter y el Milan, o entre el Manchester y el Liverpool, los sentimientos de tribu están muy por encima de la nacionalidad común de sus equipos. Creo que pocas veces he disfrutado más en mi vida de aficionado al fútbol que con la derrota del «Barça» en la final de la Copa de Europa de Sevilla, humillado en los penaltis por un equipo menor como era el Steaua de Bucarest. Y a los aficionados culés, el Real Madrid les ha proporcionado en los últimos años muchas alegrías y satisfacciones con sus fracasos. River Plate odia al Boca Juniors, y viceversa. Ni los forofos de uno y de otro dejan de ser, por ello, argentinos. Lo demás es lugar común, y cursilería de corrección política. A quien escribe le divierte que pierda el Barcelona hasta al ajedrez, si es que cuenta con esa sección tan interesante y aburrida. No me sucede lo mismo con el Atlético de Madrid, al que mucho admiro por su especial personalidad. Pero si desean asistir —ahora es imposible porque pertenecen a distintas divisiones—, a un partido en el que la violencia en el público se puede tocar con los dedos, acudan cuando se celebre, a un Sporting de Gijón-Real Oviedo. Y no se queda atrás el Athletic de Bilbao-Real Sociedad, si bien estos en las últimas décadas se han dedicado más a ayudarse mutuamente que a resolver sus tradicionales pendencias entre vizcaínos y guipuzcoanos.

El Real Madrid y el Barcelona se respetan, se temen, se admiran y se aborrecen, y el que niegue el aborrecimiento mutuo no sabe de qué va la cosa. Nada tiene que ver con la nación común, la españolidad o el catalanismo. Aún confío —es un decir— en que se produzca un milagro en el Camp Nou y el Real Madrid consiga dar la vuelta a la eliminatoria. Dificilísimo, pero no imposible. Me reafirmo en mi deseo. Si el milagro no tiene lugar, todas mis simpatías se ubicarán en el entorno del Manchester United, y me sentiré más inglés que el padre de Kate Middleton. Por otra parte, el «Barça» es un club con millones de seguidores en España que aceptan la distancia, y hasta el desprecio, que el Barcelona establece respecto a los símbolos de España, y por ello, mi eventual condición de inglés es perfectamente respetable.

En Barcelona sucede lo mismo y nadie se escandaliza. Pondré un ejemplo para aclarar las cosas. Soy español, y amo a Cataluña y Barcelona. Pero al «Barça» no. En mis sentimientos, el «Barça» ocupa un lugar preferente en la lista de desafectos. Y el que se pique o Piqué, que se rasque.

El paleto

18 de junio de 2011

Se inauguraba en Barcelona el nuevo edificio de Agbar, un intrépido, estético y majestuoso rascacielos apepinado. Tiempos del Tripartito. Era Presidente de la Generalidad de Cataluña Pascual Maragall, y Carod-Rovira el que mandaba. Tomaban un refrigerio o un cava —prohibido lo del «vino español»— después del acto cuando el señor Maragall preguntó a uno de los aparejadores de la gran obra. —¿Qué idioma usaban ustedes para dar las instrucciones?—; El aparejador, para no defraudar al Presidente, piadosamente mentiroso, le respondió: —El catalán—. Y a Maragall y Carod les rodaron dos límpidas lágrimas de emoción por las mejillas. El ingenio arquitectónico de Agbar pasó a un segundo plano. El que fuera miembro del Consejo General del Poder Judicial, el extravagante independentista Alfons López Tena, hoy enrolado en el grupo de Laporta, sufrió como todos los parlamentarios catalanes toda suerte de insultos y vejaciones por parte de los llamados «indignados». López Tena no respondió a los exabruptos de los antisistema porque éstos le insultaron en español y él no acostumbra rebajarse a contestar en ese idioma. López Tena no respondió a los insultos porque corría como un conejo, no le llegaba la camisa al cuerpo y los dídimos por corbata le impedían la emisión de cualquier sonido, lo cual es natural y comprensible, porque fue víctima de un ataque violento. Pero escudarse en la paletería del idioma se me antoja una necedad malintencionada. Lo que ha querido decir López con el Tena después, es que los violentos no eran catalanes de pro, sino «españolistas» —como ellos dicen— infiltrados. Lo que no ha dicho es en qué idioma, español o catalán, hablaron los empujones, las pintadas, los agarrones y los escupitajos. Como era de esperar, el diario *Avui* ha tomado buena nota de la inteligente reflexión del señor López Tena, don Alfons, de niño Alfonsito López. Todo responde a esa manía de los independentistas de intentar molestar hasta en los detalles más insignificantes. Para él, lo grave no fue que unos desalmados violentos usurparan la voluntad popular y el ejercicio de la soberanía nacido de las urnas. Para él lo grave no fue que unos desalmados violentos incurrieran en un grave delito contra la Carta Magna impidiendo la reunión de un parlamento autonómico. Para él lo grave no fue que lo insultaran, zarandearan y vejaran. Para López Tena, don Alfons, de niño Alfonsito López, es que lo insultaran en español, porque en tal caso la grosería triplica la gravedad y la importancia del insulto. Y si así lo piensa y lo siente, es muy dueño de hacerlo y manifestarlo, pero no puede pretender, después de emitir tan exótica afirmación, que la voz «paleto» no se caiga de nuestra boca. Gratuito, absurdo, aldeano y hasta divertido, si se interpreta desde el sobrevuelo que concede el sentido del humor, ese sentido tan lejano al dogmatismo del jurista separatista. Lamento, como en todos los parlamentarios catalanes, las humillaciones sufridas. Y los insultos. Y las pintadas, y las agresiones. Y me sitúo, sin duda alguna, del lado de López Tena, que ha sido elegido por los catalanes en las urnas. Le envío desde estas líneas mi plena y total solidaridad, sea lo que sea y piense lo que piense. Sus ideas no son las mías, pero las respeto y defiendo como si fueran coincidentes. Sólo espero que no se sienta insultado con mis palabras por escribírselas en español. Lo hago con mi mejor voluntad. Alguien sabrá traducírselas.

Patriotismo alimentario

19 de junio de 2011

¡Pelegrí que te vi! Otro paleto contemplando su ombligo. Locuaz aldeano. Se ha inventado el patriotismo alimentario. José María Pelegrí, consejero de Agricultura del Gobierno de la Generalidad de Cataluña. El patriotismo alimentario, Pelegrí que te vi, lo practicamos todos los españoles que consumimos productos catalanes. Son nuestros productos. Hace cuatro años, por unas declaraciones necias de Carod-Rovira, en muchos lugares de España se boicoteó el cava. Me sumé al boicot. No consumí cava en aquellas fiestas navideñas. La verdad es que mi boicot fue mentiroso. No he probado el cava en mi vida, y tampoco me gusta su hermano mayor, el champagne o champán o como Pelegrí que te vi guste llamarlo. Mi boicot a Cataluña se resume en el cava y los caracoles, esa asquerosidad. El resto lo como, lo bebo y me nutre. Pelegrí que te vi ha dicho que si un catalán pide en un restaurante una botella de vino de Rioja no está ayudando a los empresarios catalanes. Sólo eso, pero ya es bastante. A los empresarios del resto de España que los ayude su tía. Pelegrí que te vi, si de él dependiera, prohibiría a los catalanes consumir productos de otras regiones de España. Pero si en la etiquetación se crea una confusión de origen, el producto sería aceptable y digno de ingresar en las bocas catalanas. Por ejemplo, el jamón de Jabugo. Intolerable que un catalán consuma jamón de Jabugo —a Pujol le encanta—, pero si en la etiqueta se lee «Pernil de Jabuig», el catalán consumidor en lugar de pecar mortalmente lo hace con carácter venial. Como se ponga de moda entre los independentistas lo del patriotismo alimentario el barullo puede ser de aúpa. La pregunta del millón a Pelegrí que te vi es la siguiente: ¿le molestaría igual que un consumidor catalán pidiera una botella de Burdeos o de Borgoña? Que responda Pelegrí que te vi. ¿Se permitiría a los ciudadanos catalanes o residentes en Cataluña consumir caviar iraní o ruso, o tan sólo se prohibiría el de Riofrío, Granada, que sale buenísimo? En cuanto al pescado, ¿sólo se admitirían los peces del Mediterráneo? El Mediterráneo, el mar sabio y cultural, el mar de las civilizaciones, el «Mare Nostrum», es bellísimo y cambiante, pero da unos percebes que parecen alfileres de modista. ¿Prohibidos los percebes gallegos? ¿Y las anchoas de Santoña? ¿Y las morcillas de Burgos? Tanta butifarra cansa y hace peligrar los límites del colesterol. Pelegrí que te vi, hay que analizarse el colesterol. Y con todos los respetos que me merecen los vinos del Penedés, no existe comparación posible con los de La Rioja o la Ribera del Duero. El patriotismo alimentario que propugna este peculiar merluzo carece de buen fin. El mejor cliente de Cataluña es el resto de España. De imponer tan ridícula restricción, y si el resto de los españoles actuaran de manera similar, el negocio agrícola, ganadero y de alimentación de Cataluña se rompería los piños en el primer encontronazo. ¿Por qué son tan antipáticos estos nacionalistas con quienes no lo son? Además de la antipatía, pésimamente educados, alejados de la cortesía por razones incomprensibles. Voy a seguir cumpliendo con mi patriotismo alimentario. Comprando productos de Madrid, del País Vasco, de las dos Castillas, de Cantabria, de La Rioja, de Andalucía, de Canarias, de Baleares, de Valencia, de Murcia, de Aragón, de Asturias, de Galicia, de Extremadura, de Navarra, de Ceuta, de Melilla, y claro está, de Cataluña. Productos de España, Pelegrí que te vi, tontet del culet.

El día cabreado

14 de septiembre de 2011

El nacionalismo catalán ha celebrado de por vida, en público y en privado, «La Diada». Se entiende el mal rollo que siempre sobrevuela el acto de depositar flores en el monumento de don Rafael Casanova Comes, un ilustre abogado barcelonés, heroico defensor de la ciudad de Barcelona ante el ataque de las tropas del duque de Berwick. Aquel episodio terminó mal para los defensores de Barcelona y para don Rafael. Fueron derrotados. Pero don Rafael nunca se refirió a Cataluña. Se levantó en defensa de España, otra España, y el nacionalismo se ha inventado el tostón. No obstante, don Rafael, años más tarde de su resignación, ejerció de nuevo su profesión, le devolvieron todos sus bienes incautados y terminó sus días en Sant Boi del Llobregat rodeado de sus seres queridos. Pero el resumen es que Cataluña celebra un hecho adverso para el nacionalismo catalán, que se ha adueñado de la figura de Casanova, y esa adversidad se manifiesta en el pésimo humor y la acritud de sus celebrantes.

El público que asiste al acto para abuchear e insultar a los políticos y representantes de las instituciones que tienen el detalle de llevar flores a don Rafael, me recuerda al del tendido del Siete de la plaza de toros de Las Ventas del Espíritu Santo. Se pasan el año esperando que llegue el día del cabreo. Y se enfadan con apoteósico entusiasmo. En sus rostros se dibuja la crispación y el resentimiento, y me pregunto yo si tan extendida actitud es la más recomendable para celebrar lo que sea. Todo el que no pertenezca a la facción más extrema del nacionalismo independendista, es profusamente abucheado, y se han dado circunstancias de brutal agresión física a incautos portadores de lirios, rosas y heliotropos. En la presente edición, el enfado ha alcanzado cotas casi trágicas por culpa de la sentencia que obliga a la Generalidad de Cataluña a equiparar el español con el catalán en la enseñanza. Mas se ha mosqueado una barbaridad. En el tesoro epigramático español hay una quintilla anónima escrita en la agonía del siglo XIX que se refiere a un Mas y a un Blas. «A la mujer de Mas, Blas / la visita por demás, / y según propios y ajenos, / para la mujer de Mas / lo de Mas es lo de menos.» Quizá un tatarabuelo del enfadadísimo. Pero lo cierto, y no escribo con intención de herida o de molestia, es que la fiesta de «La Diada» es un guateque ajeno a la alegría. Excesivo localismo soberanista. Y muy poco cordial con el resto de los españoles, que se disgustan con sobrados motivos cuando advierten que ante autoridades respetables y el máximo representante del Estado en Cataluña, el Muy Honorable Presidente de la Generalidad, se queman banderas de España, que también son las suyas, y fotografías del Rey, que es el Conde de Barcelona.

Sucede que el 12 de septiembre deja de tener importancia el desbarajuste social de «La Diada» y nadie se acuerda de lo allí acontecido. El que no tiene culpa de nada, es el abogado barcelonés, catalán y españolísimo que soporta en bronce tan clamoroso desasosiego. Cataluña, con su larga y fecunda Historia, haría bien en celebrar un hecho positivo y dejarse de comer el coco con propuestas antipáticas. A pesar de los tiempos que corren, queremos una Cataluña alegre y sonriente, con su formidable tejido social y económico, que no merece enfadarse tanto por algo que sucedió en el hueco de los siglos pasados.

Antipáticos

25 de septiembre de 2011

Me altero cuando leo u oigo a un nacionalista catalán haciendo uso magistral del victimismo. Que si el anticatalanismo, que si el españolismo, que si patatín, que si patatán. Nada de eso. Los nacionalistas catalanes, socialistas incluidos, llevan muchos años cerrados a la libertad de expresión y abiertos a la antipatía con el resto de los españoles. Todo lo que dicen resulta antipático, distante y pegado a la aldea. Lo de los toros, mayúscula equivocación y atentado cultural contra centenares de miles de catalanes, no supera la simpleza del cinismo más tosco. Lo del idioma va mucho más allá. En España se prohíbe hablar en español. En España se multa por rotular en español, y en España se le llama fascista a quien solicita que sus hijos estudien en español. Así de sencillo. La lengua catalana, rechazada durante siglos por las altas clases de Cataluña, es una lengua viva y moderna que no transcurre por peligro alguno. Su literatura es formidable y no ha sido necesario reinventarlo, como han hecho los nacionalistas vascos con el «batúa» para que se puedan hablar y entender de valle en valle. Los vascos redujeron la fuerza de sus siete dialectos en el siglo XII, arrinconándolo en los espacios rurales y las nostalgias pastoriles. En el siglo XII no había nacido todavía Franco, al que culpan de su limitada expansión. En Cataluña, con Franco o sin Franco, siempre se ha hablado el catalán, escrito en catalán y comerciado en catalán. Su gran pujanza se ha debido al uso natural del bilingüismo, ese tesoro que los nacionalistas catalanes, socialistas incluidos, desean enterrar.

En veinte años, Barcelona ha pasado de ser la ciudad más avanzada y acogedora de España a una inmensa y bellísima aldea que recela de todos los que del resto de España acuden a visitarla. Y Barcelona es la primera y fundamental tarjeta de visita y prestigio de Cataluña. Vargas Llosa lo explicó muy bien hace años y le cayeron barretinas del cielo. Todo ello, nace de una nueva y reciente antipatía imprescindible para defender lo catalán de la infectada influencia de lo español. Parece que ningún nacionalista catalán, socialistas incluidos, ha leído a Maragall, a Espriu o al gran Josep Pla, el payés brillante, irónico y escéptico. Otro, y más profundo, es el problema de los vascos. Los autores que se pueden leer los han escondido, con Unamuno y Baroja a la cabeza. La Literatura catalana de los siglos XVIII y XIX es moderna y palpitante, mientras que la vasca se reduce a una serie de poetas infantiles que no sabían de la existencia de la metáfora.

En España no hay anticatalanismo. Hay hartazgo de la antipatía de los nacionalistas hacia lo que también es suyo. Por defender unas peculiaridades muy respetables, como también lo hacen los vascos, están renunciando a una maravilla cultural e histórica compartida durante mil años. Y lo están haciendo mediante gestos y posturas manifiestamente antipáticas, vejatorias e inimaginables años atrás, cuando Cataluña representaba la avanzadilla cultural de España. Eso es lo que se me pasa por la cabeza y así lo escribo, a vuela pluma, herido porque quieren hacerme extranjero de una parte de España que amo con locura. Como en Vasconia. ¿Por qué tan antipáticos?

Andaluces

1 de octubre de 2011

A Mas no le gusta cómo hablan el español —él dice «castellano»— los niños andaluces. El castellano, como decía el gran don Camilo Cela no es otra cosa que el bellísimo español que se habla en Castilla. En el mundo, nuestro idioma es el «spanish» no el «castiglian». Pero en fin, se trata de una cursilería nacionalista que se ha convertido en lugar común. No obstante, creo que Mas yerra o no ha dedicado muchas horas a hablar con andaluces, niños o adultos. O ha leído poco a los autores andaluces, que tratan el idioma con una luz y maestría difícil de superar. Los giros populares que hoy se mantienen en Andalucía, las ráfagas imprevistas, la palabra culta del Siglo de Oro que ha sobrevivido en los campesinos de Andalucía la Baja, son tesoros al aire libre de la cultura que sólo en Andalucía se encuentran. En Andalucía todo es poesía. Se dice Cornellá, San Feliu de Guixols, Mollerusa y Olot, y está muy bien. Se han encadenado cuatro interesantes topónimos catalanes. Pero si alguien pronuncia sin pausa, Alcalá de los Gazules, Zahara de los Atunes, Jerez de la Frontera, el Puerto de Santa María, Sanlúcar de Barrameda y Castilblanco de los Arroyos, está recitando un poema. Y claro que se entiende a los niños andaluces cuando hablan. Se los entiende si el que oye también escucha.

Con el respeto y la admiración que me produce la Literatura y Poesía catalana —respeto y admiración aquí reconocidos pocos días atrás—, me permito escribir sin merecer por ello la tortura nacionalista, que Andalucía y Castilla conforman las dos cumbres grandiosas de nuestra palabra, incluyendo en nuestra palabra a la catalana, la vasca y la gallega. Una de las características principales del andaluz es lo bien que habla. Con su acento, como el catalán, que también lo tiene, y no alcanza a dominar la belleza de los conceptos como esos niños que han heredado —lo repito—, las voces emocionantes del campo y los giros de nuestros maestros clásicos.

Entre otros, tienen a Séneca en sus ancestros. Bajo con frecuencia a Andalucía y allí he pasado muchos meses en mis años jóvenes. Soy cuarterón de Castilla, Andalucía, el País Vasco y Cataluña. Y no recuerdo haberme quedado en blanco ante la palabra de un andaluz. En la Bahía de Cádiz, en el Puerto, en Sanlúcar, en la muerte grandiosa del Guadalquivir con el Coto de Doñana por testigo, las olas llegan y rompen en las costas de Andalucía con la sabiduría en sus espumas. Si Artur o Arturo Mas no entiende a los niños andaluces, o gallegos, tampoco entenderá a los niños catalanes, que hay mucho mestizaje por sus predios. No entenderá la poesía de Alberti, o de Lorca, la palabra de Pemán, la voz impresa de Villalón, de Manuel Halcón, de los hermanos De las Cuevas, de Adriano del Valle... todos contemporáneos. Y no entenderá las columnas de Ignacio Camacho, Antonio Burgos, Francisco Reyero, y tantos orfebres barrocos de nuestro idioma principal y común.

Lo que ha querido decir Mas es que los andaluces son de fuera, como los gallegos, como los castellanos, y que los catalanes puros y duros como él no están dispuestos a gastar ni un segundo en el intento de entenderlos. La cultura nacionalista. ¡Ozú!

El conde-duque

29 de octubre de 2011

Felipe IV, aparentemente débil, fue el Rey de nuestro Siglo de Oro en la Poesía y la Pintura. Velázquez inventó el azul Guadarrama en sus retratos, del que Torrente Ballester escribió que era un pasmado, cuando en realidad era un salido que dejó más de treinta hijos naturales paseando por las plazuelas del Madrid de los Austrias. Su Valido, el conde-duque de Olivares, sí era un cabrón con pintas, intrigante, pretencioso y mal consejero. El difunto Jesús Aguirre, anterior Duque de Alba, intentó en un principio usar el título de Conde-Duque de Olivares, pero le pesó la Historia, y prefirió echar mano del condado de Aranda. La trayectoria política de Olivares tiene más sombras que luces, pero su gran error no fue el que apunta con su habitual inoportunidad Gregorio Peces-Barba. Olivares encerró en la helada prisión de San Marcos de León a don Francisco de Quevedo, adelantándole una muerte aterida y solitaria que le llegó, ya en libertad, en la Torre de Juan Abad. Encarcelar por sus críticas —el «Padrenuestro Glosado» dedicado al Rey—, a uno de los más grandes poetas de la Historia, fue su verdadero crimen. Quevedo se vengó a su manera cuando el Conde-Duque la palmó: «Mandad, regid al infierno; / gobernad en sus cavernas, / que bien merece este puesto / el que me obligó en la tierra. / Y prepárenle a su hijo / don Julián, estancia regia, / que no tardará en llegar / en busca de Su Excelencia. / Con esto —dijo Luzbel / Cada diablo a su tarea / y el conde-duque entró luego / en las llamas, de cabeza.» Olivares quiso asesinar el talento del más grande, someterlo, dorarlo con prebendas de la Corte, pero no pudo con él. Y Quevedo se vengó hasta de su hijo, que nada le había hecho, hijo nacido del amor, conocido como «Julianillo el Jacarero», y que más tarde, ya legitimado, pasaría a llamarse don Julián de Guzmán, marqués de Mairena y conde de Loeches, lo que a Quevedo le ponía cachondo de risa.

Ese, y no otro, fue el gran pecado de Olivares, aunque Gregorio Peces-Barba le atribuya un mayúsculo y descortés error, cuyo recuerdo ha caído muy mal, y con sobrada razón, en Cataluña.

En una conferencia, Peces-Barba, que tiene sus virtudes y sus defectos como todo hijo de vecino, pero entre las primeras no ha destacado nunca el sentido del humor, ha afirmado «que si en vez de Cataluña nos hubiéramos quedado con Portugal, igual nos iba mejor». Atribuye el error político a Olivares, y ofende por igual a nuestros catalanes y a los portugueses. Alarmado por las reacciones negativas, Peces-Barba no ha sabido disculparse, porque su soberbia es superior, incluso, que la del susodicho Conde-Duque, y la rectificación también le ha salido fea: «Háganselo mirar. Me parece que no deberían ser tan susceptibles a las bromas.» Las bromas o las ironías hay que saber adaptarlas a cada situación y cada momento. Y para ello, hay que conocer los secretos de la oportunidad, que Peces-Barba ignora por completo. Don Gregorio es la tristeza en movimiento. A su lado, hasta el Lago Ness se antoja alegre y luminoso. Y no es recomendable usar del sentido del humor, cuando éste, por caprichos de la naturaleza, no ha anidado jamás en la sectaria cabezota del inoportuno prócer.

Mucho me temo que su gracia, sustentada además en la falta de rigor histórico, no ha divertido en demasía a sus colegas catalanes. A ver qué dicen ahora Rubalcaba y el nene del vídeo.

¡Caray si existe!

10 de diciembre de 2011

Hoy se juega un Real Madrid-Barcelona. Lo verán hasta los que abominan de este deporte de masas y pasiones encontradas. Mi padre, que llegó a ser de los cien socios más antiguos del Real Madrid, no vio en sus noventa años de aficionado ningún Real Madrid-Barcelona, y menos aún, al revés. Decía que el Fútbol Club Barcelona no existía, y que aquello que no existe, no se ve. Se equivocaba de cabo a rabo. ¡Caray si existe! Entre las aficiones del Madrid y del «Barça» no hay rivalidad. Impera el odio y la sonrisa va por barrios desde hace un siglo. No puedo negar que para mí una derrota sonada del «Barça» me conmueve más que una victoria del Real Madrid. Todavía me recreo con aquella final de la Copa de Europa celebrada en Sevilla entre el Barcelona y el Steaua de Bucarest, que era un equipo del montoncito, y se llevó la Copa de Europa al palacio del asesino de Ceaucescu. No se trata de antipatriotismo. Se trata de una mutua y correspondida antipatía que nace en el sexto mes del embarazo. En Italia, el Inter y el Milan se aborrecen, y en Inglaterra, el Manchester United y el Liverpool. Sin esa animadversión el fútbol sería como el balonmano, un rollo.

Entre el Real Madrid y el «Barça» hay un camino de esquinas y de espinas. Para los barcelonistas, el Real Madrid representa el españolismo puro y duro. Rubalcaba y Peces-Barba aparte, casi todos los socialistas son del «Barça», por aquello de su distancia con lo español. Esta noche, en el Bernabéu, se volverá a repetir la tontería de todos los años.

Banderas de España contra el «Barça», cuando el Barcelona —quiéralo o no— es un club español. Enfrentar la Bandera de todos a una grímpola autonómica es rebajar su importancia. Otra cosa es en la Copa de Europa. Ahí, el Real Madrid y el Barcelona representan a España y las banderas españolas tienen su sitio, aunque en los partidos del «Barça» no lo hayan encontrado todavía. Porque el Barcelona olvida que no todos sus socios y seguidores son nacionalistas catalanes. En todos los rincones de España hay barcelonistas acérrimos, como madridistas profundos. Y quizá, ahí el Barcelona no se concentra en las sensibilidades de los suyos, porque claro está que a un «culé» de Sanlúcar de Barrameda le importa un bledo la configuración política e ideológica del gran club catalán. Y en ese aspecto, el Real Madrid, que es sólo un club, no tiene esos problemas.

Durante los partidos entre madridistas y barcelonistas he visto a personajes sabios, ponderados, importantísimos y de muy elevado prestigio pedir a gritos el linchamiento del árbitro. He presenciado encuentros entre los dos grandes equipos en Madrid y Barcelona, y creo que, dentro de lo malo, es público más ponderado el mesetario que el mediterráneo. El primero se juega la victoria de su equipo y el segundo, el triunfo de un sentimiento nacionalista frente al club más poderoso de la Capital del Reino invasor, que manda huevos. Todos los argumentos, disparates y subjetividades —incluidas las aquí expuestas— sirven para caldear y enrarecer estos partidos que siguen centenares de millones de personas en todo el mundo. La enemistad no se reduce a España. En Argentina o en Marruecos se dan de tortas los blancos y los azulgrana cuando el encuentro finaliza. Y habríamos de sentirnos orgullosos. Es lo mejor que España exporta al exterior. La pasión, el desaprecio y la calidad de los dos mejores equipos del mundo.

Embajaditas

28 de diciembre de 2011

El Muy Honorable Presidente de la Generalidad de Cataluña, señor Mas, tiene, como todos, muchas deudas y la caja vacía. También excesivos gastos innecesarios y de gran inutilidad, consecuencia de la política merluza y besuga del nefando tripartito. Uno de esos gastos, que no son cuescos de colibrí, es el de las embajaditas inauguradas por Carod-Rovira en diferentes ciudades del mundo. Embajaditas de Cataluña sin ningún nivel de representación oficial.

Aún recuerdo el maravilloso episodio del «Lehendakari» Garaicoechea cuando jugó a ser el Jefe del Estado de Euzkadi. Recibió en «Ajuria Enea» con todos los honores al Omán de la Akimbabakwa, una región autónoma de Ghana, Osaguiefo Kuntinaku II. Los jóvenes creerán que estoy de broma y contándoles un cuento adherido al espíritu de hoy, día de los Santos Inocentes. Nada de eso. Lo primero que hizo Garaicoechea es ordenar a un propio de «Ajuria Enea» que proporcionara a Su Alteza el Omán un medicamento consolador. El Omán llegó con un manto de piel de leopardo y un dolor de cabeza insoportable, consecuencia de los abusos alcohólicos cometidos la noche anterior en el Casino de Biarritz, Francia. Estaba previsto que Su Alteza el Omán visitara a Garaicoechea con cuatro ministros, pero la Gendarmería francesa puso trabas al respecto y se cargó la previsión. Los cuatro ministros de Su Alteza el Omán se vieron obligados a pasar la noche en los calabozos de la Policía en Biarritz por haber sido sorprendidos haciendo trampas en la ruleta. Se quedaban con las fichas de los apostantes ganadores. Aquel triunfo diplomático de Garaicoechea mereció el testimonio de mi más rendida admiración, aunque no sirvió para nada.

Carod-Rovira inauguró la embajadita de Cataluña en Nueva York el mismo día y a la misma hora del juramento y toma de posesión de Barack Obama como Presidente de los Estados Unidos. Se vio obligado a beber, con su embajadorcito y demás acompañantes, todo el cava. Y a comer los canapés de butifarra. Demostró tener una capacidad de convocatoria bastante descriptible. Previamente había abierto embajaditas en Buenos Aires, Londres, Berlín, París y Bruselas. Los catalanes que se encuentran en apuros fuera de España acuden a la Embajada de España o al Consulado. En esas embajaditas lo único que hacen es repartir folletos con el «Freedom for Catalonia» que tanto emociona a Pujolet Ferrusola, el hijo de la Marta.

En total, entre los alquileres, los sueldos de los embajadorcitos oficiosos, de los ayudantes, coches, recepciones, actos y demás suerte de chorradas, la Generalidad de Cataluña derrocha una pasta gansa, y nunca mejor adaptado el calificativo.

Se calcula en 500.000 al año el desembolso por cada embajadita, de una de las cuales fue embajadorcito un hermano de Carod-Rovira, no por su parentesco, sino por su extraordinaria valía, alta representatividad e inalcanzable nivel intelectual. No se van a arreglar los problemas económicos de Cataluña y del resto de España con la clausura de esas fútiles y folclóricas delegaciones, pero por algo se empieza cuando do hay que apretarse el cinturón. Mi grande e inolvidado amigo donostiarra Eugenio Egoscozábal Ubarrechena pasó por un brevísimo período de necesarios ajustes económicos. Tenía un loro en su precioso piso de Miraconcha. Pero era incapaz de amansar su ritmo de vida. Una mañana, tomando el aperitivo en el desaparecido bar «Resaca», un amigo le recomendó más cautela en el gasto. «Hay que empezar por el chocolate del loro.» Entonces Eugenio subió a su casa, abrió la jaula del loro y éste se perdió sobrevolando la bahía. No le sirve a la Generalidad ahorrar el chocolate del loro. Es el loro lo que cuesta. Y el loro es el gasto de las embajaditas.

Candidatísimos

30 de enero de 2012

No aprenden. Ese feminismo barato —aunque caro para los contribuyentes— que se gastan en las presumibles izquierdas es una necedad. De la fotografía para *Vogue* en los principios del desastre al escalofriante documento gráfico de Carmen Chacón con las maduras nenas en el Círculo de Bellas Artes. ¿Qué gana con estos guateques tan absurdos? «Mujeres de la política y la cultura.» Qué tostón de convocatoria. El feminismo profesional sólo convence a las profesionales, que en buena medida viven de eso. Se ha quedado rancio y antiguo. Recuperar a María Teresa Fernández de la Vega en plan apoyo constante es de una antigüedad pavorosa. Pasan los días y los candidatos socialistas insisten en sus naufragios. Para compensar el peso de Fernández de la Vega, Zabaleta, Pajín y Matilde Fernández, Rubalcaba ha presentado también su apoyo constante. Felipe González. Original y futurista. Y me pregunto: ¿No existe nadie en el PSOE que se atreva a alzar la voz? ¿Tan atada y bien atada —me suena la frase— está en el socialismo la dependencia de la mamandurria?

Después del demoledor, devastador y destripador Gobierno del PSOE, pocas ganas quedan de ayudarlo a que no siga haciendo el ridículo. Pero parece ser que el ridículo en el PSOE no es un problema, sino un fin vocacional. Creo que merece el PSOE un largo período alejado del poder, pero insisto en la necesidad de una oposición fuerte. El desmoronamiento del PSOE es el que ha surtido de votos a Izquierda Unida y al tostón de Argamasilla de Alba. Algún día nos explicará la señora Zabaleta sus coqueteos con Bildu. Otro apoyo constante para Carmen Chacón. Ellos mismos, y me refiero a los dos candidatísimos, han coincidido en reconocer que uno de los grandes lastres del socialismo ha sido su errática, cuando no traidora, política territorial. De ahí que Carmen Chacón haya adoptado las castañuelas y Rubalcaba hable más de España que de «este país». Pero no se puede olvidar que los socialistas formaron parte del Gobierno de la Generalidad de Cataluña más antiespañol de la historia. No se puede olvidar que los socialistas gobernaron en Galicia con el entusiasta sostén del Bloque Nacionalista Gallego. No se puede olvidar —nunca ha sido desautorizado— que el Presidente de los socialistas vascos, Jesús Eguiguren, se ha movido siempre por los aledaños de Batasuna recibiendo toda suerte de comprensiones y cariño. Y no sólo recibiendo el cariño, sino devolviéndolo. No se puede olvidar que los socialismos valenciano y mallorquín abrazan con entusiasmo la quimera de los «Países Catalanes». Está bien que ahora se comprometan con España, pero tendrían que ser otros socialistas los encargados de cumplir con tan fundamental compromiso. Los candidatísimos están quemados, calcinados y plenamente amortizados, con González o con el ramillete de niñas reunido en el Círculo de Bellas Artes.

Ánimo, socialistas callados, socialistas mudos, socialistas temerosos, socialistas sin voz pero con voto. Pónganse de acuerdo y decidan por una vez, por su bien, el de su Partido y el de España, dar por terminada esta etapa de negritud y podredumbre, de majadería supina, de gamberrada constante. Entre las decenas de miles de militantes del PSOE tiene que haber una voz, al menos una voz, que se atreva a gritar ¡basta! Porque el espectáculo de los candidatísimos no da más de sí. Rubalcaba ha fracasado e ignora la orientación del futuro. Y Carmen Chacón se dejó vencer por quien protagonizó el fracaso. Este PSOE agoniza con estos candidatos. Y no levantará cabeza ni con los viejos elefantes ni con las pesadísimas y anticuadas nenas del feminismo y «la cultura». Venga, vamos, que alguien salga.

Topónimos

22 de febrero de 2012

UPyD es un partido político confuso, creciente y joven. Asume reivindicaciones olvidadas, y ello, quiérase o no, es siempre atractivo. Ahora se dispone a reclamar la recuperación de miles de topónimos en español que la estupidez política borró de nuestro mapa. El PSOE y el PP han permitido muchas tonterías al respecto. En los idiomas autonómicos, también españoles, los nombres de ciudades, municipios y accidentes geográficos pueden ser diferentes que en el idioma común, pero ello no implica que la lengua española resigne su derecho, su tradición y su vigencia ante idiomas de mucho más reducido ámbito. ¿Quiénes son los políticos para decidir que Lérida es Lleida por un pacto con el nacionalismo catalán? ¿O que Mondragón y Fuenterrabía pierden su nombre en español en beneficio de Arrasate y Hondarribia? Se me antoja perfectamente llevadero el respeto oficial por la doble denominación. Siendo Fraga Presidente de la Junta de Galicia, La Coruña pasó a llamarse «A Coruña». El que era Alcalde de La Coruña, Francisco Vázquez, un verso libre del PSOE, intentó imponer sin éxito el sentido común. Cuando se habla en español, La Coruña, y cuando se dice en gallego, A Coruña. Lérida en español y Lleida en catalán. San Sebastián en español y Donostia en vascuence. En TVE, durante el desastre del *Prestige*, los informativos nos daban noticias de la situación desde el cabo «Fisterra», castigando al pobre Finisterre con enconado ensañamiento. Hablar en español y anunciar «me voy a Girona» es como planear «viajar a London». La dictadura absurda contra la denominación española no ha triunfado. Pero sería conveniente que el PP apoyara sin reservas la reclamación de UPyD y dar fin a la cursilería y el despropósito hoy imperante. En las señales de tráfico, junto a «Gasteiz» tiene que figurar Vitoria, y con «Iruña», Pamplona. Los idiomas no se hacen con decretos, y menos aún, con decretos sostenidos exclusivamente por el aldeanismo y la estupidez. No es más moderno ni más «progresista» decir «Ourense» que Orense. Es una cuestión que atañe exclusivamente al idioma que se usa para pronunciarlo. Pero Orense no tiene que desaparecer bajo la bota de «Ourense», entre otros motivos, porque el topónimo en español lo adoptan cuatrocientos millones de personas en el mundo, en tanto que el local y autonómico, sólo una parte de los habitantes de cada autonomía.

El uso del lenguaje no entra en los espacios políticos. Los idiomas son libres y soberanos, y perfectamente compatibles. «Bilbo» en vascuence, Bilbao en español, ¿algún problema? Ninguno. Los mallorquines que usan su lengua insular se refieren a la Capital de Mallorca como «Ciutat». Me parece de perlas. ¿Estamos obligados los que no hablamos mallorquín a desterrar de nuestra lengua Palma de Mallorca, o simplemente Palma? ¿Qué herida produce a los idiomas catalán, vascuence, gallego, mallorquín, valenciano o bable la doble denominación de las ciudades, municipios o accidentes geográficos? Para la inteligencia y la cordura, ninguna herida. La herida sangra cuando el pacto político se adueña de una riqueza que comparten cuatrocientos millones de personas en el mundo, y más de cuarenta millones en España. El español sólo se prohíbe, se borra y se veja en España, circunstancia que nos da a entender lo burros que somos.

UPyD tiene toda la razón en este desgraciado asunto. Y el PP, también responsable del desaguisado, está obligado a reponer con carácter oficial los topónimos en su sitio y en su idioma.

Igualdad

5 de marzo de 2012

El gran acierto de Zapatero no fue otro que crear la imprescindible cartera ministerial de Igualdad. Ningún gobernante anterior concedió importancia a tan urgente y avanzada necesidad. Para ello se sirvió de una catedrática de Igualdad, Bibiana Aído, andaluza de Alcalá de los Gazules, y a la que tenían olvidada en Sevilla dando clases de iniciación al baile y, lo que es más importante, de mover los dedos con ritmo y ángel con las castañuelas en las manos. El Gobierno socialista, sabedor de la asombrosa pujanza de nuestra economía, destinó un importante presupuesto para que el Ministerio de Igualdad cumpliera con sus objetivos, que no eran otros, entre ellos, que los «Mapas de Inervación». Todos, más o menos, sabemos lo que es un mapa. Pero todavía hay españoles que desconocen el significado de «inervación», el cual les ofrezco a renglón seguido en colaboración con la Real Academia Española. «Inervación: Acción del sistema nervioso en las funciones de los demás órganos del cuerpo del animal.» En el presente caso, y por tratarse de unos mapas elaborados por el Ministerio de Igualdad, la inervación sería la acción del sistema nervioso en las funciones de los demás órganos del animal sin distinción del macho y la hembra, que eso es la igualdad. Pero no. Los mapas de Bibiana Aído se elaboraban exclusivamente en beneficio de las mujeres, cuando los impuestos los pagamos indistintamente los varones y las féminas. Por fortuna, los gastos hay que considerarlos medidos y oportunos. Tan sólo 26.000 euros costó «El Mapa de inervación y excitación sexual en el clítoris y labios menores». Aquí falla igualmente el concepto de igualdad y se incurre en un desagradable agravio comparativo con los labios mayores, que no tienen la culpa de nada. También los labios mayores —así me lo han hecho saber— desean mapas de inervación, si bien me parece que sus deseos no van a encontrar respuesta porque el Ministerio de Igualdad ha desaparecido, Bibiana Aído está en Nueva York, y el Gobierno actual tiene por delante un dificilísimo reto de ahorro drástico en el cual los mapas para hacerse pajitas, perillas y manolas carecen de futuro inmediato.

Otro chocolate del loro que el Gobierno haría bien en prescindir de sus servicios son los traductores del Senado —y del mismo Senado—, que nos cuestan a los españoles 6.500 euros al día. Este sistema de traducción simultánea se inauguró durante un moderado debate entre el que era vicepresidente del Gobierno, el ceutí-andaluz Manuel Chaves, y el Presidente de la Generalidad de Cataluña, el andaluz Montilla, que habló en catalán-montilles. El Senado, compuesto por senadores españoles que, más o menos, dominan el idioma común, se gasta el dinero en estas chorradas. Por no hablar de los aeropuertos sin aviones, los coches oficiales y tuneados de la anterior etapa, las tarjetas de crédito, la deuda de las televisiones, el AVE Toledo-Albacete (3.500 millones de euros), las subvenciones a los sindicatos, los 400 millones que cuestan las embajaditas autonómicas y demás dispendios derrochados por los defraudadores públicos.

40.000 coches oficiales. Millones de euros para grabar películas en catalán con resultados de taquilla miserables. Más de 16 millones para la Agencia ONU-Mujeres —Bibiana Aído—. Para partidos y fundaciones 136 millones. La CEOE —¿no son empresarios?—, 400 millones. Treinta millones en móviles y otros 720 en el PER. Claro que se pueden cumplir las promesas. Sólo se exige sensatez, decisión y valentía.

Y el clítoris y los labios menores y mayores que esperen hasta que vuelvan las pajilleras.

Eto'o más que el Rey

17 de marzo de 2012

En las redes sociales proliferan toda suerte de rumores y vaticinios. A veces, por las informaciones de unos y otros, el rumor se convierte en clamor.
El gran tesoro de los «twiteros» es el de la inmediatez. Y un buen número de ellos coincide en asegurar que en las horas previas a la celebración de la Final de la Copa del Rey de fútbol, los movimientos separatistas vascos y catalanes van a protagonizar, unidos y simultáneamente, una gran manifestación antiespañola en la ribera del río Manzanares, al aprendiz de río de la Capital de España. Después, como ya ocurriera en Valencia, el Himno Nacional será apagado por los berridos y al Rey le caerán encima toda suerte de insultos, injurias y desprecios.
Lo que ellos jamás permitirían que se produjera en Bilbao o Barcelona contra los locales símbolos escisionistas o políticos representativos de sus autonomías, lo llevarán a cabo en Madrid con el Himno de todos los españoles y el Rey de España. Juegan con la ventaja del carácter abierto de una ciudadanía que asume su condición tolerante con la libertad de expresión y la superación de la aldea.
El Athletic Club de Bilbao y el Fútbol Club Barcelona cuentan con simpatizantes en todos los rincones de España. El primero, porque aunque a algunos les pese, está compuesto por una plantilla de jugadores que excepto uno, el venezolano Amorebieta, son todos españoles.
Vascos, navarros y un riojano, Llorente, considerado

como uno de los mejores delanteros del mundo. La simpatía general que inspiraba el Athletic con anterioridad a su politización social por parte del PNV se sustentaba también en su carácter, deportividad y sentido de su fútbol. Sin olvidar el señorío, algo enturbiado por unos pocos, del público de San Mamés, que era el más entendido y justo de España.

El Barcelona tiene otras características, hoy diluidas por su calidad circunstancial. Pero es un club español profundamente antiespañol, cuyos detalles negativos en lo social le han granjeado muy encontrados sentimientos. Existen decenas de miles de partidarios del Athletic y el «Barça» que nada quieren saber del sesgo político que le han dado sus dirigentes, pero se abruman ante la ferocidad de sus sectores radicales.

Si son ciertos los rumores, en la noche de la Final de la Copa del Rey, esos radicales van a montar en Madrid un espectáculo infectado de odio. Y, posteriormente, van a vejar al Himno y al Rey. En Francia se suspendería el partido inmediatamente después de que «La Marsellesa» se viera apagada por la fuerza programada de los silbidos y los insultos. Si la Copa de España y la figura del Rey tanto molestan a esas aficiones, ¿por qué la disputan? ¿Por qué viajan a Madrid, capital del Imperio agresor, según ellos? ¿Tiene la Real Federación Española de Fútbol, anfitriona y organizadora del partido, algún plan previsto para impedir que un acontecimiento deportivo de esa importancia se convierta en un insulto generalizado contra todos los españoles?

En España, por simples comentarios racistas pronunciados en caliente, se han suspendido partidos de fútbol, y se ha sancionado con ejemplar dureza a los emisores de semejantes desprecios. Años atrás, y vistiendo la camiseta del «Barça», un futbolista de raza negra, Eto'o, a punto estuvo de que el árbitro diera por finalizado el encuentro porque un jugador del equipo contrario le dijo «cállate, puto negro».

Si en lugar de practicar el victimismo, Eto'o hubiera respondido «cállate tú, hijoputa blanco», el mutuo desprecio habría pasado desapercibido, como ha ocurrido decenas de miles de veces en todos los partidos de fútbol. Pero Eto'o es intocable y el Rey no. Insultar al Rey y silbar al Himno Nacional está muy bien visto. Me temo que Madrid no va a tolerar la humillación de España.

La batalla épica

25 de marzo de 2012

El expresidente de la Generalidad de Cataluña, Jordi Pujol, llama a los nacionalistas catalanes a prepararse para librar una batalla épica contra el Estado. No ha dicho «España», sino «Estado», aunque algunos confundan los términos España es la Nación y el Estado, el que administra la nación, pero Pujol es de los que creen que significan lo mismo. Pujol está retirado de la política activa pero se ha puesto a dar la tabarra. Curioso que aquel joven y nada apuesto alférez de Infantería que a punto estuvo de reengancharse en el Ejército se haya radicalizado en el nacionalismo «botifler» con tanto entusiasmo. Tengo para mí que Artur Mas lo está utilizando para conseguir más dinero, aunque Pujol, por su soberbia, jamás se ha alquilado a otro. Recuerdo cuando fue elegido por la Redacción de *ABC* —es decir, Luis María Anson—, «Español del Año». Sus palabras sobre España y lo que España significaba para él ante Don Juan de Borbón, emocionaron a muchos de los allí presentes. Coincidí en la Clínica Barraquer con Pujol en un par de ocasiones. Acudió a visitar a Don Juan durante sus largas estancias barcelonesas en la Barraquer, reponiéndose de sus operaciones de retina. Daba el pego. Un pego amable e institucional, menos solemne y sincero que el de Tarradellas, cuando recibió a Don Juan de rodillas en su despacho como «Mi Señor natural, el Conde de Barcelona». Gestos y anécdotas, que al cabo de los años ocupan una esquina de la Historia.

Pujol combatió el franquismo y se acomodó en un nacionalismo moderado. Hizo lo posible —ahí están las Memorias de Tarradellas *Ja sóc aquí*»—, para que el Honorable don Josep no ocupara la Presidencia de la Generalidad. Él quería ser el primero de la lista, y sus relaciones con el anciano luchador exiliado fueron pésimas. Pero el nacionalismo radical, tendero, floristero y paleto lo representaba en el hogar de los Pujol su mujer, «la Marta», que nos privaba de protagonizar innecesarias groserías cuando su marido era en Cataluña Presidente de la Generalidad y máximo representante del Rey en esa autonomía. Lo he escrito y vuelvo a ello. Almuerzo en el Palacio de San Jaime a elegidos miembros del COE en los días previos en la inauguración de los Juegos Olímpicos de Barcelona, en el año 1992. Juegos Olímpicos formidables, una ciudad volcada y España apoyando a Barcelona en todos los aspectos. A la derecha de la señora Ferrusola se sentó Alfredo Goyeneche Moreno, conde Guaqui, un gran deportista e insuperable señor fallecido en accidente de carretera algunos años más tarde. La señora Ferrusola se dirigía al conde de Guaqui en catalán, y éste se sintió obligado a observarle su desconocimiento del idioma local. —Perdón, señora, soy de San Sebastián y he vivido siempre en Madrid. Me encantaría entender y hablar el catalán, pero no he tenido oportunidad para ello—. Una observación tan lógica como educada. Entonces, la señora de Pujol le dijo al vicepresidente del Comité Olímpico Español. —Pues entonces, hablaremos en francés—. Y el conde de Guaqui, con mucho respeto, se excusó, se incorporó y abandonó la sede de la Generalidad rumbo al Via Venetto en la calle Ganduxer, donde comió en soledad y muchísimo mejor.

En aquellos tiempos, en los que España se volcó con Barcelona sin reservas, uno de los niños Pujol Ferrusola —creo que Oriol—, encabezaba unas carreritas atléticas con una pancarta en la que se leía «Catalonia is not Spain». Por un lado, Pujol disfrazaba su respeto institucional, y el niño anunciaba al mundo que Cataluña no era España. En eso ha consistido el pujolismo, en un cínico mercadeo de adhesiones y deserciones, de abrazos y distancias, de besos y patadas en el culo a España que terminaron por elevar el nacionalismo catalán a la categoría de sistema. Los socialistas, siempre tan dispuestos a colaborar con los nacionalismo periféricos, se hicieron aún más nacionalistas que los de CDC y ER, lo que llevó a estos últimos a convertirse en claramente independentistas para no ser menos catalanistas que los charnegos inmigrantes.

Y ahora ya retirado, se permite el lujo de «dar la última orden» a sus huestes, y anunciar una «épica batalla» contra el Estado. La verdad es que las «épicas batallas» del nacionalismo catalán contra el resto de España —en la Monarquía y en la República— las ha perdido siempre el catalanismo, que de su capacidad épica ha dejado muy pocos rastros y muy reducida constancia. Pero no hay que remover sentimientos. Lo que se me antoja de muy difícil comprensión es que Cataluña, la más rica y peor administrada de nuestras regiones, derrochadora hasta límites increíbles en asuntos menores, se permita el desahogo de anunciar una épica batalla contra su Nación y su Estado. Y menos comprensible aún es que sea Jordi Pujol el encargado de dar voz a la amenaza, que de eso se trata. Una amenaza territorial, un empuje a la escisión. La batalla épica sólo tiene una traducción y no puede interpretarse de otra manera que como el anuncio de una tragedia. La Constitución establece los límites de lo admisible. Y en la Constitución se contempla intocable y sagrada la unidad territorial de España. Cuidado con la épica. Cuidado con las batallas. En el atardecer de una vida no se puede nublar el futuro ni enardecer espíritus de aldea. Como mínimo, este hombre declinado es un irresponsable.

El revolcón

27 de marzo de 2012

«El domingo, el revolcón.» No ha habido revolcón. Rafael Escuredo, el primer Presidente de la Junta de Andalucía criticó la prepotencia del Partido Popular con un calificativo desdeñoso y un «van como sobrados». La Televisión andaluza y TVE han unido sus esfuerzos para llevar a cabo una eficacísima campaña contra el Partido Popular. En este espacio del periódico se criticó la desidia, la autocomplacencia de un partido político, ganador con mayoría absoluta en las elecciones generales, que apenas concede importancia a la influencia de las televisiones públicas. La victoria del PP en Andalucía no sirve para nada. Para mí, que se han dado los peores resultados posibles, por cuanto el PSOE va a tener que gobernar obedeciendo los gestos del dedo índice de un comunismo anclado en el pasado siglo. El Partido Popular obtuvo en las elecciones del 20 de noviembre 400.000 votos más en Andalucía que el pasado domingo. Algo o mucho tendrán que meditar los dirigentes conservadores.

No soy imparcial. Tampoco objetivo. Suscribo la frase de Fernando Sánchez Dragó: «No soy neutral. Estoy en contra de la Izquierda, estoy a favor de España.» Los votantes andaluces no han querido castigar la corrupción. Se trata del sistema que los gobierna desde hace treinta años, y un cambio en el sistema les causa pavor. El Gobierno recién estrenado de Mariano Rajoy, cumpliendo órdenes europeas, lo primero que hizo fue subir los impuestos. Y no lo supo explicar bien. Ahí está el gran fallo de la derecha española. No se explica bien, no conecta, no habla el lenguaje de la calle. Por ello el éxito arrollador y creciente de Esperanza Aguirre, que habla para que se le entienda, acercando distancias y cumpliendo a rajatabla sus palabras dadas. De Guindos convence; Montoro produce una indescifrable confusión en toda mente normal, entendiendo como normal la mía. Y Rajoy se esconde en demasía. No para gobernar, que lo hace, sino para explicar con claridad sus medidas y proyectos inmediatos.

No estoy de acuerdo con los que señalan a Javier Arenas como el gran fracasado. Arenas ha conseguido el casi imposible. Ganar en unas elecciones andaluzas. El imposible lo establece la mayoría absoluta. El PSOE ha resistido y los comunistas han crecido. A ver cómo nos explican los liberales —ay, la Pepa—, y los conservadores los pormenores de su fallida estrategia.

Y en Asturias, el lío padre. Gana el PSOE, no pierde tanto Álvarez-Cascos, no gana posiciones el PP, Izquierda Unida avanza un poco y se cuela UPyD, que de nuevo, se queda sin recibir la llave del futuro Gobierno asturiano. Nadie entendería que el PP y el FAC no alcanzaran un acuerdo, pero todo es posible con una clase política tan rara como la nuestra. Y aprovechando que el Guadalquivir pasa por Sevilla y el Narcea riega la piel verde del Principado, el niño de Pujol, Oriolín, quizá Oriolet, se refiere a España como «el agua podrida que nos ahoga». Nos insulta a los españoles que no pensamos como él. Nos desprecia a los españoles —sus compatriotas— que somos los mejores clientes de Cataluña. Nos reúne en un charco de agua estancada y putrefacta que infecta su presente. Las ideas son libres y siempre respetables si van acompañadas de civismo y cortesía. Lo de este niño chulo y memo resulta intolerable. Un mal domingo para España, sin duda alguna. El revolcón, al final, no sólo no se ha producido en Andalucía. Nos lo ha dado un majadero en Cataluña.

El mosaico

24 de abril de 2012

El público del «Camp Nou» es muy disciplinado, y colabora con brillantez para que los graderíos del gran estadio se vistan con un impresionante mosaico. En el Bernabéu, ese prodigioso y lamentable espectáculo es imposible. Se ha intentado, pero el sentido individualista de los madrileños choca con la feliz mansedumbre colectiva de los catalanes. Los mosaicos en el Bernabéu no lucen, porque a la mitad de los espectadores se les olvida mostrar la cartulina, o deciden desde su libertad, que hacerlo es una majadería.

El pasado sábado, el público de Barcelona culminó, con admirable sentido del deber nacionalista, un mosaico perfecto. Sólo podrían haberlo mejorado en Corea del Norte. Me entristeció la perfección. Recelo de toda obra colectiva, siempre enfrentada al espíritu fundamental de Europa, el individualista. Los extremos gustan mucho de esos espectáculos tan horribles como bien ejecutados. Es de justicia felicitar a los espectadores del «Camp Nou» por su orden y obediencia. Pero el resultado no fue otro que una exhibición admirable de magna cursilería. Un mosaico humano de noventa mil personas sin errores es la consecuencia de un fondo y una forma que se complementan a la perfección. El fondo es la premeditación y la forma, la alevosía. Cataluña es colectivo. Castilla es cada individuo a su aire. Sucede también en el País Vasco. Nadie canta como los vascos en una coral, pero pocos destacan como solistas. Nadie rema como los vascos en una trainera, pero en una competición de embarcaciones con un solo remero siempre hay un inglés, un alemán o un ruso que triunfa sobre el fortísimo morrosco con envidiable facilidad. En el colectivo, invencibles. En lo individual, mejorables.

El «Barça» ha impuesto un fútbol maravilloso y preciso amparándose en el colectivo, en el equipo, aunque tenga a un genio individualista como Messi. Y el Real Madrid juega contagiado por el espíritu de su sede, de su ubicación. El «Barça» fabrica una preciosa tela de araña en la que caen todos sus adversarios, y el Real Madrid, a su manera, mete el palo en la tela de araña, destroza la armonía y mata a la araña. Es cierto que la belleza —una belleza algo agotadora— del fútbol barcelonista es muy superior a la del fútbol madridista, pero los números no mienten. En Barcelona se han encargado de vestir al Real Madrid de chulo pendenciero que arremete contra la libélula del preciosismo, y al final, el agua vuelve por donde solía. El «Barça» siempre ha sido virtuoso rebaño y el Real Madrid atronadora manada. Se quejan los comentaristas «culés» de la inexistente calidad del Real Madrid en el partido del sábado. El fútbol no es una pasarela de exquisiteces, aunque a todos nos guste la excelencia. Y si hay que ganar como manada, se hace y ya está. Una manada sostenida por el individualismo de un búfalo imparable.

Pero vuelvo al mosaico, a Corea del Norte, al colectivo nacionalista y a la disciplina heroica del público del «Camp Nou». Un éxito. Un gusto atroz. Florentino Pérez ha probado, con poca fortuna, el mismo sometimiento con el público del Bernabéu, y yo le recomendaría que no lo intentara más. Jamás el mosaico del Bernabéu será mejor que el del «Camp Nou». Es imposible. El madrileño padece de vergüenza ajena, de alipori, y no estima lo suficiente la culminación colectiva. Carece de alicientes para hacer el ridículo en pos de una patria figurada. Y siempre se reafirma en su sentido individualista. Lo del mosaico estuvo muy bien, muy coreano, y muy bien hecho. Nada europeo.

La Copa y los jabalíes

26 de mayo de 2012

Siempre ha sido llamada así, desde que fue fundada por el Rey Alfonso XIII. El campeonato de España es la Copa y la Liga Nacional de Fútbol, la Liga. A partir de 1931 y mientras la Segunda República no derivó hacia un Frente Popular soviético que desembocó en la Guerra Civil — vamos a dejarnos de falsas legalidades que fueron fumigadas en 1934—, el campeonato de España fue la Copa del Presidente de la República. En la posguerra y hasta 1975, la Copa del Generalísimo, y a partir del establecimiento de la Monarquía, la Copa de S.M. El Rey, nuevamente, cerrando el ciclo. Recibe la copa, el trofeo, el vencedor del Campeonato de España.

Durante los años del franquismo, el partido final del Campeonato de España se celebraba habitualmente en Madrid. En Londres existen ocho o nueve equipos, y el Liverpool o el Manchester nunca se han quejado del escenario de la final de la Copa inglesa, el londinense y mítico estadio de Wembley. En España, la Casa del Rey abrió la mano y se han celebrado finales de la Copa en diferentes ciudades, perdiendo el Bernabéu su condición de sede permanente, no por preferencia hacia el Real Madrid, sino por capacidad de aforo. Prueba de ello, es que el coñazo de la Demostración Sindical, que también presidía Franco, se celebraba en el Bernabéu y no en el Metropolitano y posteriormente en el Vicente Calderón.

A Madrid se lo ganaron anímicamente los aficionados vascos del Athletic de Bilbao. Eran los más simpáticos, y todos los madrileños deseábamos que el Athletic —en el franquismo Atlético de Bilbao—, alcanzara la final de Copa. Y hasta aquí llegaban los aficionados, menos numerosos, del Barcelona, del Valencia, del Sevilla, y como no, del Atlético de Madrid que es club muy copero. En aquellos tiempos nadie se atrevió a silbar a Franco ni al himno. Los más reacios a la ovación mantenían cerrada la boca y quietas las manos, pero muchos aplaudían. Lo siento, pero era así y así hay que recordarlo.

Ahora, apoyados por partidos políticos nacionalistas y separatistas, y por presidentes futboleros demagogos, se abuchea al Rey, o al Príncipe, a la Bandera y al Himno Nacional. Libertad de expresión. Respeto institucional a los sentimientos individuales y colectivos de todos los españoles. Por parte de los silbadores, deleznable falta de educación y cortesía. Sigo creyendo que algo falla en los tornillos de la sensibilidad de muchos españoles no catalanes que son seguidores a ultranza del club antiespañol por excelencia, pero eso sí, que disputa la Liga Nacional —de España—, de fútbol y el campeonato de España y Copa del Rey. Que silban, abuchean y vejan a quien les ha dado plena libertad para ser el objetivo de su rechazo. Y sí, amparados por la Constitución firmada por el abucheado, ahora son más valientes.

No he visto el partido. Nada me interesaba con los vientos que se presumían. Esperanza Aguirre habló —como Sarkozy cuando fue silbada «La Marsellesa»— de una posible suspensión en el caso de que el Príncipe y el Himno fueran insultados por los energúmenos. Le niegan su libertad para opinar. Dios me libre de meter a todos los aficionados del Athletic y el «Barça» en el mismo saco. Pero tampoco me sirve la mentira de que son «unos pocos» los que insultan a nuestras instituciones, Bandera e Himno. Son muchos. Me he perdido en la maravilla de Sierra Morena. Intuyo lo que va a suceder, y por esta vez, he elegido la contemplación de los jabalíes originales.

La gran final

27 de mayo de 2012

Me siento defraudado. Intentaré superar la tristeza para exponer los motivos de mi consternación. Ignoro si mis lectores, durante su infancia, jugaron en alguna ocasión al «Pañuelo», también conocido como la «Bandera». Se trata de un juego, casi deporte, apasionante. Compiten dos equipos de seis jugadores que se colocan, el uno frente al otro, en un terreno marcado y dividido por la mitad, como un diminuto campo de fútbol. En esa raya que divide los dos espacios, se coloca un árbitro con un pañuelo en la mano. Previamente, los jugadores de cada equipo han elegido, muy en secreto, sus números correspondientes del uno al seis. Cuando comienza la confrontación, el árbitro grita un número a su capricho y libre albedrío, que para eso es el árbitro. Por ejemplo: «¡El cinco!» Ello da lugar a que los jugadores de ambos equipos que tengan asignados el número cinco abandonan la formación del grupo y se dirigen a la mitad del campo, con el fin de tomar el pañuelo de la mano del árbitro y correr a toda pastilla hacia el término del terreno reglamento sin ser tocado por el adversario. Se permiten añagazas, como hacer que se agarra el pañuelo y no tomarlo, para que el contrario, llevado de su ímpetu, pise el terreno del adversario y pierda el punto. A medida que transcurre el apasionante juego, los equipos menguan en número de jugadores, y vence aquel equipo que consigue que los seis jugadores que compiten por el otro conjunto queden eliminados. Desde el año 1998, soy el Presidente de la Federación Interautonómica de Pañuelo. Se celebra un torneo regular en forma de liguillas, y al final de la temporada, por el sistema de eliminatorias, la Copa de María Antonieta, en memoria de la guillotinada Reina francesa a manos de la barbarie, y que gustaba sobremanera de practicar el «Pañuelo» en los jardines de Versalles con sus divertidas amistades. Los partidos finales se disputan en un rincón sombreado de los jardines del Palacio Real de Aranjuez, y este año, los finalistas han sido el «Donostia Korrikolari» y el «Sport Panyolet de Sitges», dos grandes clubes del «Pañuelo». El escenario de la final estaba abarrotado de aficionados, muchos de ellos venidos de San Sebastián y Sitges para animar a los suyos. Al no tener nada que ver la Familia Real de España con el evento, y a pesar de celebrarse la final en Aranjuez, el comportamiento de las aficiones puede calificarse de ejemplar. Se interpretaron todos los himnos, con excepción de «La Marsellesa», por consideración a la difunta María Antonieta. Pero sonaron las notas del himno vasco, del catalán, de San Sebastián, de Sitges, del barrio de Amara —donde tiene su sede el «Donostia Korrikolari», y la canción «Las Curvas del Garraf», una composición preciosa que creó una sobrina de Carod-Rovira con una generosa subvención de la Generalidad en tiempos del Tripartito. La letra, más o menos, dice así: «Por las curvas del Garraf / ya no pasa el Rey de España, / porque están los segadores / Con barretina y guadañas.» Y en efecto es así. El Rey pasa en helicóptero, que es mucho más cómodo porque esas curvas no hay quien se las trague.

    Oídos con gran emoción y unánime respeto los seis himnos correspondientes a los dos nacionalismos soberanistas, se inició el partido, que ganaron por ocho a seis los del «Donostia Korrikolari», aunque hubo que lamentar algún incidente entre partidarios de ambos equipos. Pero en conjunto, fue una preciosa fiesta deportiva, si bien, con anterioridad al comienzo del encuentro, los capitanes —el «kapitán» y el «capitá»— de los grupos contendientes exigieron que fuera arriada la Bandera de España que ondeaba en un balcón del

Palacio Real de Aranjuez, lo cual retrasó el inicio del encuentro hasta que se recibió el permiso correspondiente por parte del Gobierno, siempre medido y cuidadoso con los sentimientos separatistas. Prueba concluyente del acierto de esta medida es que no se quemó ninguna Bandera de España, como pretendían los presidentes de los dos clubes finalistas, porque una final sin quemar Banderas de España en Aranjuez no es final ni es nada, si bien, y con el apoyo de los consejeros de Deportes de ambas comunidades, los máximos mandatarios de los clubes vasco y catalán escribieron una carta de protesta a Esperanza Aguirre y a la Delegada del Gobierno en Madrid en la que manifestaban, muy razonablemente, su indignación por haber sido víctimas de una coacción intolerable que vulneró sus libertades de opinión, expresión y acción ciudadana.

Una carta, por otra parte, educadísima, y con muchas faltas de ortografía, detalle que carece de la menor importancia. En verdad, una jornada deportiva inolvidable, aunque nos sintiéramos defraudados por la intransigencia del Poder central y claramente españolista.

Para los analfabetos

28 de mayo de 2012

Recibo de vez en cuando mensajes iracundos contra nuestra Bandera. Es decir, la Bandera de todos, la que ampara a todos, a los que la amamos, a los que se sienten indiferentes y a los que desean quemarla o sustituirla por la efímera y fea tricolor de las manifestaciones de la izquierda, una grímpola que la exhiben muchos que ignoran la fealdad histórica que representa. Me divierte mucho cuando los analfabetos se refieren a la «Bandera Franquista». Caray con Franco, lo que vivió el hombre. A finales del siglo XVIII tres eran las potencias oceánicas de Europa, que siempre se estaban dando leña en la mar y cambiando de aliado a capricho de los gobernantes. España, Inglaterra y Francia. El pabellón de España era blanco con la roja Cruz de Borgoña. El de Inglaterra, blanco también con la cruz en rojo que dividía en cuatro cuarteles la bandera. Y la de Francia, blanca asimismo con tres flores de Lis en tonos azules. De cuando en cuando, la confusión en la mar era grande, y se atacaban unos a otros, otros a unos y en ocasiones, a ellos mismos. Y Carlos III tomó la iniciativa —con el permiso de Franco un siglo antes del nacimiento de éste— para aliviar el orden en la mar. Y creó la Bandera de su Armada, que pocos años más tarde pasó a pertenecer a todos los españoles, iluminada por los colores de la Señera del Reino de Aragón, al que pertenecieron el Principado de Cataluña y el Condado de Barcelona, porque la Señera, en su fundamento, es aragonesa. Y Carlos III, con el permiso de Franco un siglo antes del nacimiento de éste, y la ayuda de su ministro Valdés, firmó el siguiente Real Decreto: «Para evitar los inconvenientes, y perjuicios, que ha hecho ver la experiencia puede ocasionar la Bandera Nacional de que usa mi Armada Naval y demás Embarcaciones Españolas, equivocándose a largas distancias, o con vientos calmosos con las de otras Naciones; he resuelto que en adelante usen mis Buques de guerra de Bandera dividida a lo largo de tres listas, de las que la alta y la baxa sean encarnadas, y del ancho cada una de la quarta parte del total, y la de en medio amarilla, colocándose en ésta el Escudo de mis Reales Armas reducido a los dos cuarteles de Castilla y de León con la Corona Real encima; y el Gallardete con las mismas tres listas, y el Escudo a lo largo, sobre cuadrado amarillo en la parte superior. Y que las demás Embarcaciones usen, sin Escudo, los mismos colores, y del ancho de la tercera parte de la Bandera, y cada una de las restantes partes divididas en dos listas iguales encarnadas, y amarilla alternativamente, todo con arreglo al adjunto Diseño. No podrá usarse de otros Pabellones (sic) en los Mares del Norte por lo respectivo a Europa hasta el paralelo de Tenerife en el Océano, y en el Mediterráneo desde el primero del año de 1786; en la América Septentrional, desde principio de junio siguiente; y en los demás mares desde el primero del año de 1787. Tendreislo entendido para su cumplimiento. Señalado de mano de S.M. en Aranjuez a 28 de mayo de 1785. A D. Antonio Valdés. Es copia del Decreto Original.»

La Bandera, convertida en la de todos los españoles de ambos hemisferios, fue respetada y admitida como suya por la I República, que cambió la Corona Real por el escudo sin corona reducido a los cuarteles de Castilla y León. Volvió a lucir el Escudo Real con la Restauración, y con la abdicación de Alfonso XIII, el advenimiento de la II República y por unos pocos años, fue sustituida por el invento cromático que desembocó en una Guerra Civil. Los muchos que hablan de ella como «Bandera Franquista» superan hasta límites insospechados el nivel de su analfabetismo. Y cuando abuchean o queman a esa Bandera, se abuchean y queman a ellos mismos.

El Himno Nacional

17 de junio de 2012

Siempre que llega un gran campeonato internacional o unos Juegos Olímpicos se abre en España el debate del Himno, que si debe o no debe tener letra para ser cantado con mayor emoción. Oídos los mensajes de la mayoría de los himnos nacionales, creo que el nuestro hace muy bien en renunciar a un texto. La Novena de Beethowen no es superior a la Séptima por su aportación coral. Las estrofas de los himnos nacionales son excesivamente grandilocuentes, épicas y ajustadas a un período de la Historia o a un hecho histórico. En España, donde su Historia se inventa y retuerce en muchas autonomías, el acuerdo del hecho histórico sería imposible. La Historia, «eso que nunca ocurrió contada por una persona que no estaba allí», es incluso difícil de unificar en naciones recientes. En la década de los cincuenta del pasado siglo, el gran escritor —pisoteado por la desmemoria de las izquierdas— José María Pemán se aproximó al éxito. Escribió un texto tomando el Descubrimiento de América como fundamental referencia. «Gloria a la Patria / que supo seguir / por el azul del mar / el caminar del Sol.» No es peor que el «God Save de King» o la violenta «Marsellesa». Pero no cuajó. Y ahora sería imposible. Los descendientes de aquellos marinos vascos y catalanes — que los hubo, y muchos—, que supieron seguir por el azul del mar el caminar del sol, se sentirían hoy ofendidos por el recuerdo. Asombrosa y estúpidamente ofendidos, pero ofendidos al fin y al cabo. Con gran sentido del humor podría haberse establecido como letra de nuestro himno la pérdida de las últimas colonias. El fantástico poeta satírico Manuel del Palacio, que trabajaba de enchufado en el ministerio de Ultramar, fue desposeído de su enchufe cuando designaron como ministro del mismo a Juan Manuel Sánchez Gutiérrez de Castro, duque de Almodóvar del Río, Grande de España y muy menguado de centímetros, y poseedor —según los cronistas de la época—, de una mala leche impresionante. El duque se interesó por la actividad encomendada al poeta, y al comprobar que la actividad era nula, el duque puso al poeta de patitas en la calle. Pero Manuel del Palacio se vengó con unos versos que resumían la gestión del señor ministro: «Le llaman Grande y es chico; / fue ministro porque sí. / Y en once meses y pico, / perdió a Cuba, / a Puerto Rico / a Filipinas... y a mí.» Manuel del Palacio podía haber escrito un texto del desastroso final del siglo XIX, pero no hubiese sido admitido. De ser argentino, encomendaría a «The Luthiers» que modernizaran su himno. Se adelantaron al caos de Las Malvinas, y compusieron una marcha militar absolutamente genial, que terminaba, en alto grado de emoción, con la siguiente revelación: «Perdimos, perdimos, perdimos otra vez.» Oír el Himno de Togo o de Uganda —con el respeto que me merecen togoleses y ugandeses—, y escuchar las referencias a la gloriosa Historia de tan jovencísimas naciones sin mostrar un cierto estupor es harto complicado. Las letras de los himnos no mejoran el significado de la música y, en la mayoría de las veces, son negativas.

En España, insisto en la imposibilidad de crear un texto que merezca la aprobación de los reyecillos de Taifas autonómicos con pretensiones de estadistas. Son capaces de establecer comparaciones entre la unificación de España y el Descubrimiento de América con la victoria de una trainera en la Regata de La Concha o la creación del cuerpo de los Mozos de Escuadra, que se debe —mala suerte—, a Felipe V. Entiendo que lo escrito es una caricatura de los soberanismos aldeanos, pero también es una manera de describir la imposibilidad de un acuerdo.

Aquí estamos siempre dispuestos a destrozar las tradiciones. El Himno Nacional o Marcha Real, nacida de la Marcha de Granaderos, fue suprimida en los períodos republicanos, afortunadamente breves. En Rusia, mantienen la melodía del Himno de la URSS y tan sólo han variado algo de sus mensajes. Con ese himno habían crecido varias generaciones y así lo entendieron los nuevos dirigentes. Adaptar que no destruir. Por mi parte, me considero afortunado de tener, como español, un himno sin letra. La letra la pone cada uno con sus sentimientos y sus emociones. El gesto de Rafael Nadal oyendo el Himno y mirando como asciende la Bandera en el mástil más alto de París es mucho más significativo que el recuerdo de un hecho histórico convertido en música. Otra cosa es el respeto y la buena educación que tienen los ciudadanos de otras naciones cuando de homenajear a sus símbolos se trata. Eso depende de la formación y se aprende desde niño. En España esa dependencia y aprendizaje se ha convertido en una lección de animadversión hacia lo común por culpa de los traidores al concepto de nuestra unidad. Ése sí es un problema. El que tengamos letra o no en nuestro Himno Nacional es simplemente anecdótico.

Del cerdo

21 de junio de 2012

«Del cerdo, hasta los andares»; «del cerdo, hasta la conversación». En España tenemos en grandísima consideración al cerdo. Lamentablemente, cuando intentamos insultar a un prójimo usamos de todos los sinónimos porcinos para herir con más contundencia. Cerdo, puerco, marrano, guarro, cochino y demás lindezas. Pero sin el cerdo en nuestra ración diaria alimenticia no seríamos nada.

En un colegio de Cataluña, el cerdo está en grave peligro de extinción por la presión de sus alumnos árabes. La dirección de ese colegio redacta sus circulares a los padres de los colegiales en catalán y árabe, y obvian el español o castellano. Esta necedad supera los límites de la política nacionalista y se convierte en un problema de inteligencia. Cataluña, además, está muy ligada al cerdo, por ser la provincia de Lérida la que más número de cerdos de granja produce de todo el territorio nacional. Pero en un centro docente de Tarrasa, en concreto, el «President Salvans» del barrio de Can Palet, los niños españoles no pueden comer en el recreo bocadillos de jamón porque se lo impiden los niños musulmanes. Y los responsables del colegio, tan contentos, porque consideran normal que los derechos de los niños musulmanes sobrevuele al de los niños cristianos en un colegio de España.

El jamón, el chorizo, el salchichón —aunque sea de Vic—, el fuet —por mucho que provenga de «Casa Tarradellas»—, y todos los productos que tengan su origen en el formidable cerdo, están prohibidos en un colegio de España porque los alumnos musulmanes no toleran semejante agresión contra su religión. Si no prohibidos, sometidos con la complicidad de los responsables del colegio, a su persecución, enajenación y alojamiento en los cubos de la basura. Y para mí, que esa animadversión medieval contra el cerdo que experimentan los musulmanes es consecuencia de la envidia. No saben cómo salir del lío de que el cerdo es un animal impuro —nada más impuro que el camello o el dromedario que no paran de tirarse cuescos en las caravanas—, y no ha nacido musulmán valiente que se atreva a decir en La Meca o en Tarrasa un «¡hasta aquí hemos llegado!» que sería muy bien acogido por una buena parte de la población islámica.

La Iglesia Católica esperó muchos siglos para suavizar la prohibición de comer carne los viernes, espectacular bobada que aún persiste aunque muy pocos cumplan con la norma. Es decir, que comer una rodaja de chorizo de Cantimpalos un viernes de vigilia es pecado, y zamparse una langosta cocida o unas cigalas a la plancha está muy bien. A ver si nos dejamos de chorraditas. Pero no existe persecución ni acoso al respecto, porque la Iglesia concede a los creyentes el amparo de su propia conciencia. Lo contrario que los musulmanes, que están apresados en la Edad Media y todavía no conocen la maravilla de la naturaleza, y por lo tanto, de Dios, que es una loncha o un taco de jamoncito del bueno, que así le dicen los andaluces, el jamoncito, «lo más grande que hay en el mundo» según el Beni de Cádiz.

Nos parece muy bien —y uso del «nos» no con carácter mayestático sino porque escribo después de consultar con unos amigos— que los niños musulmanes se lleven al colegio para comer en los recreos bocadillos de camello o de cabra o de oveja. Pero que impidan en España a los españoles comer jamón, nos demuestra el nivel de estupidez y cobardía que hemos alcanzado. Con la colaboración de los nacionalistas que gobiernan la autonomía donde más jamón se produce.

Tontos, es poco. Merecen otro calificativo, pero dirán que soy un anticatalanista y un fascista cavernario. Que se lo pongan ellos mismos.

Escribía ayer

24 de junio de 2012

Don Santiago Ramón y Cajal, gloria de la ciencia española y Premio Nobel de Medicina en 1906: «Deprime y entristece el ánimo, el considerar la ingratitud de los vascos, cuya gran mayoría desea separarse de la Patria común. Hasta en la noble Navarra existe un partido separatista o nacionalista, robusto y bien organizado, junto con el Tradicionalista que enarbola todavía la vieja bandera de Dios, Patria y Rey.» «En la Facultad de Medicina de Barcelona, todos los profesores, menos dos, son catalanes nacionalistas; por donde se explica la emigración de catedráticos y de estudiantes, que no llega hoy, según mis informes, al tercio de los matriculados en años anteriores. Casi todos los maestros dan la enseñanza en catalán con acuerdo y consejo tácitos del consabido Patronato, empeñado en catalanizar a todo trance una institución costeada por el Estado.» «A guisa de explicaciones del desvío actual de las regiones periféricas, se han imaginado varias hipótesis, algunas con ínfulas filosóficas. No nos hagamos ilusiones. La causa real carece de idealidad y es puramente económica. El movimiento desintegrador surgió en 1900, y tuvo por causa principal, aunque no exclusiva, con relación a Cataluña, la pérdida irreparable del espléndido mercado colonial. En cuanto a los vascos, proceden por imitación gregaria. Resignémonos los idealistas impenitentes a soslayar raíces raciales o incompatibilidades ideológicas profundas, para contraernos a motivos prosaicos y circunstanciales.» «¡Pobre Madrid, la supuesta aborrecida sede del imperialismo castellano! ¡Y pobre Castilla, la eterna abandonada por reyes y gobiernos! Ella, despojada primeramente de sus libertades, bajo el odioso despotismo de Carlos V, ayudado por los vascos, sufre ahora la amargura de ver cómo las provincias más vivas, mimadas y privilegiadas por el Estado, le echan en cara su centralismo avasallador.» «No me explico este desafecto a España de Cataluña y Vasconia. Si recordaran la Historia y juzgaran imparcialmente a los castellanos, caerían en la cuenta de que su despego carece de fundamento moral, ni cabe explicarlo por móviles utilitarios. A este respecto, la amnesia de los vizcaitarras es algo incomprensible. Los cacareados Fueros, cuyo fundamento histórico es harto problemático, fueron ratificados por Carlos V en pago de la ayuda que le habían prestado los vizcaínos en Villalar, ¡estrangulando las libertades castellanas! ¡Cuánta ingratitud tendenciosa alberga el alma primitiva y sugestionable de los secuaces del vacuo y jactancioso Sabino Arana y del descomedido hermano que lo representa!» «La lista interminable de subvenciones generosamente otorgadas a las provincias vascas constituye algo indignante. Las cifras globales son aterradoras. Y todo para congraciarse con una raza (sic) que corresponde a la magnanimidad castellana (los despreciables «maketos») con la más negra ingratitud.» «A pesar de todo lo dicho, esperamos que en las regiones favorecidas por los Estatutos prevalezca el buen sentido, sin llegar a situaciones de violencia y desmembraciones fatales para todos. Estamos convencidos de la sensatez catalana, aunque no se nos oculte que en los pueblos envenenados sistemáticamente durante más de tres decenios por la pasión o prejuicios seculares, son difíciles las actitudes ecuánimes y serenas.» «No soy adversario, en principio, de la concesión de privilegios regionales, pero a condición de que no rocen en lo más mínimo el sagrado principio de la unidad nacional. Sean autónomas las regiones, mas sin comprometer la Hacienda del Estado. Sufráguese el costo de los servicios cedidos, sin menoscabo de un excedente razonable para los inexcusables gastos de soberanía.» «La sinceridad me obliga a confesar que este movimiento centrífugo es peligroso, más que en sí mismo, en relación con la especial psicología de los pueblos hispanos. Preciso es recordar —así lo proclama toda nuestra Historia— que somos incoherentes, indisciplinados, apasionadamente localistas, amén de tornadizos e imprevisores. El todo o nada es nuestra divisa. Nos falta el culto de la Patria Grande. Si España estuviera poblada de franceses e italianos, alemanes o británicos, mis alarmas por el futuro de España se disiparían. Porque estos pueblos sensatos saben sacrificar sus pequeñas querellas de campanario en aras de la concordia y del provecho común.» Santiago Ramón y Cajal. «El Mundo a los Ochenta Años». Parte II. Madrid, 1934).

Me resisto al comentario. Casi todo está escrito por uno de los españoles más grandes de los siglos XIX y XX. Ramón y Cajal estaba considerado ideológicamente como un «liberal peligroso».

La lanza de Puchú

26 de julio de 2012

Uno de los momentos más bellos —además de caro, como ahora se comprueba— de la reciente Historia de Cataluña y el resto de España, fue el de la entrega solemne del jefe Puchú de una lanza a Carod-Rovira en plena selva del Amazonas. No recuerdo bien la identidad de la etnia, y dudo una barbaridad que el jefe se llamara Puchú, pero me aburre acudir a consultar lo meramente anecdótico. Sitúo mi recuerdo en la grandeza de la imagen. Puchú entrega a Carod, como representante del pueblo de Cataluña, una hermosa y punzante lanza por él mismo modelada y Carod recibe el obsequio con las lágrimas a punto de cauce. Un momento emocionante, sin duda alguna. Carod-Rovira lleva un jersey negro, y ello ha admirado aún más a Puchú, por ser el primer jersey negro que ha visto en su vida. Nadie lleva al Amazonas jerséis negros. No repelen el calor. Un jersey negro en el trópico equivale a resfrescarse con cinco croquetas recién hechas. Sucedió que Puchú ignoraba que el negro es el color de los «progres» españoles. Recuerden el inmortal anuncio de la SER con todas sus figuras vestidas de negro-prisa, uniformadas de solidaridad tarjeta platino. Esos detalles no le fueron explicados a Puchú, que trabajó durante un mes para labrar de dulce la lanza, confiado en que sería entregada al «pueblo de Cataluña», y al cabo de un año seguía en un rincón de la casa de Carod-Rovira, que se apropió de ella de acuerdo a su más profunda convicción. Que el pueblo de Cataluña era él. Aquella lanza le costó a los contribuyentes catalanes —y a los del resto de España— algunas decenas de miles de euros, porque Carod-Rovira no se movía sólo ni atravesaba el Atlántico en piragua, sino en un comodísimo sillón de Clase Preferente y acompañado de un buen número de asesores en lanzas. Fue, sin duda, el pájaro migratorio más esforzado de la Generalidad del Tripartito, y abrió más embajaditas por el mundo, con pompa y boato, que el famoso duque de Osuna. La diferencia es que don Mariano Téllez-Girón, por mantener el prestigio de España ante la Corte del Zar, dilapidó su fortuna, la más grande del Reino, y Carod-Rovira lo que dilapidaba era el dinero de los contribuyentes. Sus «embajaditas», que no sirven absolutamente para nada, o sus «consuladitos», les cuestan a los catalanes 460 millones de euros cada año, sin contar la sangría que producen sus 38 centros de promoción económica, y sus institutos «Ramón Llull», destinados a la difusión del catalán en el extranjero, con escaso éxito hasta la fecha, en su objetivo de difundir la bellísima, culta y muy poco utilizada —en el mundo, me refiero—, lengua catalana. La Televisión Autonómica de Cataluña, TV3, ha llegado a tener hasta ocho canales diferentes emitiendo a la vez. Lo del cine en catalán ha supuesto, además de un chasco, un negocio ruinoso. El dinero público se ha utilizado, en un alto porcentaje, para subvencionar las quimeras nacionalistas y los magnos proyectos de aldea. Y Cataluña se ha dejado llevar por el silencio de los catalanes hacia la proximidad de lo inconcebible. El nacionalismo catalán, como el vasco, ha discriminado a sus gentes de acuerdo a sus posiciones ideológicas y su identificación con el soberanismo, y el resultado de ello es particularmente humillante para quienes no han sabido administrar las que fueron las más ricas, prósperas y desarrolladas provincias de España.

España, y el Estado, están para eso. Para ayudar a los suyos aunque sea España la más necesitada de ayuda. Una nación no se sostiene con diecisiete nacionzuelas y diecisiete reyezuelos. Pero España, y el Estado, tienen la obligación de exigir que se supriman todos los chocolates del loro, todo el derroche localista y los dispendios falsamente identitarios. En Cataluña, el País Vasco, Murcia, Andalucía y donde sea. Ayudar para que Puchú regale otra lanza al pueblo de Cataluña por decenas de miles de euros, mandaría huevos.

Buena caída

4 de agosto de 2012

Abundan los políticos con inteligencia vulnerable. La colonización de la burricie en determinadas mentes no garantiza la mengua del mal estilo. Es al revés. Un sandio con mal estilo siempre lo tendrá peor que un ser inteligente. No obstante, aunque abusen de la más cortada y amargada sustancia láctea, pueden resultar divertidos. La mala uva con talento es una delicia. Lean los escritos, apuntes, retratos literarios e intervenciones profesionales y parlamentarias de don Francisco Silvela y se toparán con el asombro del constante ingenio. Se trata de nuestro Churchill. Cánovas y Sagasta usaban también de la ironía hiriente, y era más eficaz el malagueño que el riojano, por aquello del desarrollo del humor. Se quejaba habitualmente don Práxedes Mateo Sagasta de los trucos de Cánovas para irse por los cerros de Úbeda cuando tenía que responder una pregunta concreta y afilada. «Su Excelencia abusa de su gracejo, que no se lo niego, para no responder lo que se le cuestiona»; «puez haga uzted lo mizmo, zeñor Zagazta. Zaque a relucir zu gracejo de Logroño, y a ver qué tal».

Cánovas y Sagasta marcaron una época rebosada de ingenio político y rivalidad acentuada por el buen gusto y sobre todo, por el patriotismo, la lealtad hacia lo que a todos pertenecía. En concreto, España. El mal estilo y la grosería estaban muy mal vistos en el Congreso de los Diputados. Un parlamentario procaz y ajeno a la cortesía y la buena educación era inmediatamente calificado de «jabalí». Y los había con inteligencia vulnerable que presumían de su condición de suidos, lo que ayuda a entender su niebla mental.

El «jabalí» parlamentario remarcaba su fiereza burda con un estudiado desaliño estético. Había uno que presumía de las manchas y lamparones que lucía en la levita. «Ze conoce que ha eztado Zu Zeñoría toda la noche revolcándoze en una charca», le dijo Cánovas. Y el «jabalí» sonreía porque ser el objetivo de un dardo verbal canovista suponía un honor. Por aspecto y vulnerabilidad intelectual, el «jabalí» de nuestros días por antonomasia es Tardá. Creo que su nombre de pila es Joan, y por ende, me puedo permitir la casi absoluta seguridad de afirmar que es de la Izquierda Republicana de Cataluña, donde han militado auténticos señores como el añorado Josep Tarradellas.

La historieta es sencilla. El Rey tropieza con un escalón, se cae, se levanta y preside con algunos rasguños en la nariz y la barbilla una reunión con nueva cúpula militar. La interpretación de Tardá no puede aspirar a formar parte del buen gusto ni de la inteligencia. Es una interpretación propia de un «Sus Scrofa Parlamentarius», es decir, de un «jabalí». Ha dicho Tardá del tropezón del Rey: «Cada caída del Borbón es un argumento más para quienes pretenden una abdicación pronto.» Es una interpretación absolutamente necia, más digna de un berberecho que de un jabalí. El berberecho —lo tengo escrito y lo repito— está considerado como el ser animal vivo menos dotado para comprender las cosas. El berberecho es completamente zote, pero hay que reconocerle por justicia una magnífica educación. De un berberecho no se puede esperar ni la grosería, de ahí que Tardá no merezca la comparación con el discreto y elemental molusco bivalvo. Un jabalí sí sabe arremeter y atacar llevado de su desdén por el buen comportamiento social, y en esta anécdota Tardá ha arremetido y atacado como un jabalí, groseramente y sin inteligencia. Es más; para incorporarse o levantarse con toda dignidad hay que caer previamente. Y llevar la abdicación del Rey al ámbito de un escalón no calculado es una majadería, además de una falta de educación y de caridad humana. Nadie desea que Tardá se dé un morrón mientras baila una sardana —bueno, miento, lo deseo con frenesí—, pero de dárselo, ningún ser normal le pediría la dimisión. Y el que lo hiciera, sería un jabalí. Buena caída la del Rey y mejor levantada.

Aire

22 de agosto de 2012

Paso por días de confusa decepción. Tengo la sensación de que nos gobierna el aire. No todo es la reforma económica, la prima de riesgo y las desavenencias con Merkel. Una sociedad se siente gobernada cuando todos los asuntos imprevistos que afectan a un Estado de Derecho son respondidos o resueltos por quienes, con abrumadora mayoría en las urnas, hemos elegido los españoles para gobernar. Y no. El eterno problema de los conservadores en España. La gastroenteritis permanente. El complejo de inferioridad, el miedo al qué dirán. Los chantajes de los nacionalismos han alcanzado un punto de no retorno. La impericia en la comunicación supera todos los límites. España no es un barco a la deriva. Es un barco con un capitán que modifica el rumbo constantemente, huyendo de los malos vientos que traen las novedades. Si no se tratara de un personaje deleznable, el que ha recibido los favores del Gobierno, el caso de Bolinaga sería de risa. Un informe médico manipulado desde San Sebastián y que nadie firma se lo traga el Gobierno de España de una sola tacada. Nadie habla ya de la huelga de hambre de los etarras. Sólo con el anuncio del comienzo de la farsa —se trataba de una mentira—, el Gobierno decidió marcharse de vacaciones después de atender debidamente al canalla supuestamente moribundo. La Fiscalía duda del informe y el Ministerio del Interior lo defiende. En los despachos de la Guardia Civil aumentan los rumores y se alzan las voces. Todo encaja a la perfección y el plan está en marcha.

De todo eso, y para dejarlo atado y bien atado —¿recuerdan?—, hablaron mucho en la fase del relevo Zapatero y Rajoy. Parlamentarios autonómicos asaltan supermercados y roban. Dos o tres detenciones de desalmados y órdenes de respetuosa actuación a la Fuerzas del Orden Público. Sin debate ni votación, el alcalde proetarra de San Sebastián, allí colocado por los votos de los donostiarras y de seis miembros del Tribunal Constitucional, suprime la celebración de las corridas de toros. La excusa, como en Cataluña, es el sufrimiento del toro. El objetivo no es otro que borrar a España del mapa vascongado. Crece el desconcierto. Y han aparecido, como siempre sucede cuando las cosas se hacen mal o no se hacen, oportunistas incómodos que dicen representar a la sociedad civil para quebrar la estructura de un sector de la ciudadanía que al fin había conseguido tener un partido político al que votar en masa. Y no es la sociedad la culpable de la decepción, sino el partido que no gobierna, que desorienta, que aburre hasta el desfallecimiento.

Nadie pone en duda los esfuerzos que está realizando el Gobierno para rescatar a España de la ruina económica. Pero hay otras ruinas. Y la social es una de ellas. Y la realidad es esa. Nadie sabe dónde está el Gobierno. En el Partido Popular se ha producido un plan interno de exterminación de personas valiosas que consiguieron con su trabajo, entre otras cosas, que el Partido Popular fuera alternativa de Gobierno y Gobierno posteriormente. Han crecido las buganvillas, las enredaderas y las plantas trepadoras y han talado árboles inmensos y fundamentales. O los han talado, o los han replantado en la lejanía para no sentir ni su sombra. En España necesitamos un Presidente que nos convoque, que nos hable con claridad, que responda a las provocaciones, que considere urgente informar al detalle y continuamente a los ciudadanos. Tenemos la oportunidad de enterarnos por los medios de comunicación, pero Rajoy habría de tener la cortesía de ser él quien diera la cara y el que pusiera la voz. «Perdonen el desconcierto que les estamos produciendo», sería una buena manera de iniciar el discurso. «Perdonen las víctimas del terrorismo, a las que tanto hemos defendido, y que ahora tienen que defenderse de nosotros.» «Perdonen que no respondamos a los chantajes, los desaires y la chulería de los independentistas.» «Perdonen que nos hayamos convertido en una decepción, en aire, en aire, en aire.»

Basura

2 de septiembre de 2012

Siempre que mis amigos catalanes —que los tengo a puñados— me han dicho en estos últimos años que Cataluña es autosuficiente, les he dado inmediatamente la razón. Lo era, lo es y lo será. Pero para ello era, es y será imprescindible que el mejor cliente, el gran comprador de sus productos, siga siendo el resto de España. He seguido con enorme interés, y durante muchos años, las palabras del excelso gurú del nacionalismo separatista vasco, Javier Arzallus, que se convirtió en Arzalluz de la noche a la mañana. Arzallus, pocos meses antes de declararse independentista, obligado por las presiones de la ultraizquierda proetarra, fue preguntado por una periodista acerca de sus pretensiones. «¿Desea usted la independencia del País Vasco?»; y Arzallus, que es casi todo menos tonto, respondió repentinamente formulando una doble pregunta: «¿Para qué? ¿Para plantar berzas?» Los nacionalismos viven, se mantienen y se enriquecen maravillosamente gracias al gran capital que poseen, que no es otro que la amenaza chantajista. Compartían una copa en el bar de Hotel Palace de Madrid Juancho Armas Marcelo e Iñaki Anasagasti, cuando este último, además de portavoz del PNV en el Congreso de los Diputados, era una persona educada. Lo de siempre. Que si el «referendum» para la independencia, que si Navarra era «Euskadi» —aquello hundió definitivamente a Carlos Hugo de Borbón Parma, que pasó de ser el rey de los carlistas a no obtener ni un escaño en las elecciones—, y al sistema a emplear en el dichoso refrendo. Juancho Armas, vitalista, canario, gran escritor y siempre bienhumorado, le recomendó a Anasagasti menos afectos con la equivocación primaria. «Si convocáis un "referéndum" en las tres provincias vascas perderéis por goleada. El único camino para vuestra victoria es el legal. Que todos los españoles participemos. En ese caso, los que estamos hartos podríamos apoyar vuestra separación y enviaros al carajote.» Porque los nacionalismos, tan antipáticos con quienes no les hemos hecho absolutamente nada, excepto aguantar sus constantes impertinencias, no son en realidad proyectos definidos hacia la secesión, sino cinismos institucionales establecidos para el chantaje, la coacción, y en ocasiones, la burla.

Jordi Pujol, notable alférez del IPS y que a punto estuvo de reengancharse para seguir su carrera en los nobles espacios de nuestras Fuerzas Armadas, fue tan sólo, como tantísimos otros, un disidente del franquismo. En nada ayudó al que era Presidente de la Generalidad en el exilio, Josep Tarradellas, en el restablecimiento de la añeja institución catalana. Lean las memorias de Tarradellas y se quedarán de piedra. Y su mayor gozo personal se lo proporcionó Luis María Anson, director del viejo *ABC* de los Luca de Tena, cuando consiguió que la Redacción del periódico lo designara «Español del Año», un año más tarde, si la memoria no me falla, que Don Juan De Borbón. Pujol jugaba a nacionalista romántico mientras en su casa le crecían los enanos, escrito sea desde el respeto de la frase hecha. Pujol abrazaba al Rey en el palco de Montjuich en la inauguración de los Juegos Olímpicos de Barcelona 92 —aquel grandioso acontecimiento del que tanto se beneficiaron Barcelona y Cataluña con el dinero de todos los españoles—, mientras su hijo Oriolín paseaba una pancarta en la que se leía «Catalonia is not Spain». El doble juego de siempre, tan hipócrita y tan antipático.

Ahora nos enteramos de que el nacionalismo, con el derroche de dinero público empleado y tirado en asuntos tan aldeanos como menores, ha llevado a Cataluña al fondo del cubo de la basura, y que Durao Barroso les ha recordado que en la Unión Europea no caben aventuras soberanistas. Que la escisión llevaría a Cataluña a la soledad del pueblo, fuera del euro y de Europa. No es cierto que los 5.000 millones de euros solicitados por la Generalidad al Gobierno de España sea una cantidad que corresponde a Cataluña y que el malvado Gobierno central les ha chuleado. Es la consecuencia de una nefasta política económica encaminada a invertir en el aire de la aldea. Bonos basura y advertencia por la deriva independentista. No obstante, Cataluña sigue y seguirá siendo autosuficiente, mientras el resto de España compre y ayude. Y por mi parte, feliz por hacerlo, porque Cataluña también es mía y de mi alma.

Ahora sí

10 de septiembre de 2012

Como Salvador Sostres, como Toni Bolaño, como Arcadi Espada, incluso como Baltasar Porcel, mi querido compañero de aventuras por el Orinoco y el Amazonas bajo el mando de Miguel de la Quadra Salcedo, no me he creído nunca el afán independentista de algunos dirigentes nacionalistas catalanes. Tampoco el de Arzallus y destacados dirigentes del nacionalismo católico-burgués vasco. De los últimos, porque conocen a la perfección —los han criado a sus pechos— a los vándalos etarras y proetarras, y saben que con ellos en el poder en un supuesto Estado Vasco, terminarían todos en un campo de concentración en Zumárraga, que es lugar guipuzcoano de altas melancolías. Creo que esas manifestaciones tan antipáticas y distantes que muchos de ellos dedican a sus compatriotas —los españoles, no nos confundamos—, son consecuencia del terror que les inspiran los grupos más radicales, a los que temen más que a un nublado. Derriban monumentos, mienten a la Historia y suprimen símbolos que pertenecen a todos los vascos y catalanes con el único fin de molestar. La auténtica molestia para ellos, su tragedia, se les presentaría el día que se levantaran independientes, lo cual sigue siendo una utopía, un horizonte romántico tan inalcanzable como el horizonte en la mar.

Me ha divertido la que se ha montado con el escudo de Felipe V que preside la fachada principal del Parlamento de Cataluña. Se han gastado un buen dinero para sustituirlo por un pétreo emblema de la Señera del Reino de Aragón, del que

Cataluña fue Principado y Barcelona, Condado. No es por molestar, pero importancia histórica aparte —Felipe V fue, entre otras cosas buenas y malas, el Borbón que creó el cuerpo de los «Mossos d'Esquadra»—, el escudo Real tiene mucho más empaque y añejo barroquismo que el sustituto. Se trata de cambiar el escudo de un imperio por el de una aldea, y en esas condiciones, el imperio, en cuestiones de estética, siempre gana. Los gastos que ha supuesto el indispensable trueque no superan los 350.000 euros, lo cual nos convence de que ha sido una ganga.

Cuando se derribaron los monumentos de Franco, Felipe González, presidente socialista durante 14 años, se lamentó del error histórico. «Es muy fácil hacerlo ahora. Nadie se atrevió a descabalgarlo cuando vivía.» En Francia conviven los Reyes y Príncipes con los que les pusieron en la guillotina, y ello demuestra un respeto a la Historia y a la Cultura. La importancia que históricamente tuvo la figura de Felipe V en Cataluña es fundamental. Para lo malo y para lo menos malo. Eliminando su escudo no se borra su figura. Se defrauda a los nuevos catalanes en sus derechos a conocer sus pasos históricos.

No obstante, y escudos aparte, algo se ha producido en los últimos días que puede echar por tierra todas mis intuiciones iniciales respecto a la independencia de Cataluña. Ni Tarradellas fue independentista, ni Pujol lo ha sido, ni lo es Mas ni le conviene económicamente a Oriol Pujol, que parece representar el papel más radical del partido convergente. A un cliente y cumplido comprador —el resto de España— con más de seiscientos años de fidelidad mercantil no se le puede tratar de tan mala manera, y en ese aspecto, los catalanes son pragmáticos y sabios. Pero de golpe, unas palabras pronunciadas por un intelectual de inconmensurable altura y categoría, un artista consagrado, han sacudido las murallas y abierto la evidencia de un proceso de independencia de Cataluña que más tarde o más temprano habrá de producirse. Las palabras han sido tan claras que han asustado a los propios nacionalistas catalanes. Me refiero al vaticinio de Miguel Bosé: «La independencia de Cataluña es sólo cuestión de tiempo.» No nos aventura el eximio y agudo vaticinador el tiempo que ha de pasar, pero nos garantiza la resolución del proceso. Y aquí me callo. Si Miguel Bosé ha dicho que Cataluña va a independizarse de España, no hay tu tía.

Cuanto antes, mejor y menos traumático. Los Bosé no se andan con chiquitas, y ahora, sí que sí.

La camiseta

12 de septiembre de 2012

Aprovechando esta «Diada» clamorosamente triunfal y épica, el Fútbol Club Barcelona ha anunciado que en el próximo año su segunda camiseta será la señera. Su anterior presidente se distinguió por los éxitos deportivos y los fracasos estructurales, pero dejó bien clara su pertenencia al catalanismo radical. El actual mandatario del «Barça», el señor Rosell, desea superar en independentismo a su antecesor y ha adoptado una decisión, en mi humilde opinión, equivocada.

La señera no es del «Barça». Existen decenas de miles de catalanes, profundamente catalanistas, cuyo equipo es el Español de Barcelona, a los cuales, a partir de ahora, les han hurtado la señera. No tendría importancia el uso de las banderas autonómicas de Ceuta o de Melilla en las camisetas de sus respectivos equipos, porque tanto el Ceuta como el Melilla representan a una abrumadora mayoría de los naturales de las Plazas españolas en el norte de África. Pero en Cataluña hay centenares de clubes, y no todos los catalanes son del «Barça», aunque es cierta su implicación en los sueños soberanistas catalanes. De siempre me ha extrañado que fuera de Cataluña haya tantísimos seguidores del «Barça» a pesar de sus exageraciones identitarias, pero España y yo somos así, señora.

A estos «culés» madrileños, andaluces, cántabros y castellanos, nos les habrá sentado nada bien este cambio en la equipación del club de sus amores.

Cuando Carlos III eligió los colores de la señera del Reino de Aragón para crear la enseña de los buques de su Armada, que posteriormente sería declarada oficialmente como la Bandera de España, acertó plenamente. Cuando el «Barça» juegue en los campos de Europa y del mundo con los colores de la señera, muchos creerán que está homenajeando a la Bandera de España. Un noruego o un holandés ignoran por completo las reivindicaciones soberanistas de Cataluña, y no captarán en su totalidad el mensaje cromático del argentino Messi o de los españoles Villa e Iniesta, asturiano y manchego, respectivamente.

No obstante, y con evidentes deseos de ser complaciente con el uso de la señera en la equipación del FC Barcelona, existe una justificación que diría mucho de la generosidad de los dirigentes del «Barça» con la adopción de tan discutida medida. Se trataría de una deferencia interautonómica con algún club rival, un detalle de respeto que en el mundillo del Fútbol español siempre sería bien recibido. Por desgracia, ese tipo de detalles no abundan, y los dirigentes del FC Barcelona impulsarían con su decisión una nueva era, sostenida por la cortesía, en las relaciones de los clubes españoles.

Porque, de acuerdo con la Historia y la costumbre, lo que haría el FC Barcelona, usando la señera como segunda equipación de su formidable conjunto futbolístico no sería otra cosa que rendir un tributo de admiración a la Comunidad Autónoma de Aragón y al Real Zaragoza, cuyos derechos sobre la señera del Reino de Aragón son más consistentes que los de Cataluña.

Buen detalle del «Barça» con los aragoneses. Enhorabuenas mil. Millón de gracias.

El divorcio

13 de septiembre de 2012

Existen en España decenas de miles de parejas que tienen el mismo problema que los nacionalistas catalanes. Se quieren divorciar, pero resulta carísimo. Ante esa tesitura, deciden aguantar y hacer cada uno la vida por su cuenta sin romper el vínculo. Lo contaba Tip. Un matrimonio compuesto por un hombre con 101 años y una mujer de 98 se presentan en el Juzgado para solicitar el divorcio. El juez se muestra sorprendido. En nombre de los dos, habla el marido. «Señoría, no nos soportamos. Y al fin tenemos la oportunidad de separarnos.» Su Señoría les formula la pregunta de cajón: «¿Porqué han esperado tanto tiempo para hacerlo?» Y el marido responde. «Porque no queríamos dar un disgusto a los niños.» Hasta que no falleció el último de los niños, el matrimonio superó todas las adversidades que procura una convivencia obligada y ficticia.

El nacionalismo catalán, con ayuda del socialismo y el comunismo, sigue aguardando a que se mueran los niños para solucionar sus problemas con el resto de España. Hasta ahora, España ha sido siempre la gran excusa. España nos arruina, España nos impone, España nos condiciona y España no nos quiere. Se olvidan, en ese destrozo anímico que las malas relaciones establecen, de las virtudes de su pareja. Los españoles son nuestros mejores clientes y compradores, somos españoles desde hace seiscientos años, y gracias a nuestra pertenencia a España, formamos parte de Europa y de la zona del euro. Si nos divorciamos, será lógico que el resto de los españoles se planteen su lealtad mercantil, abandonaremos la Unión Europea y nos veremos obligados a crear nuestra moneda, si bien las deudas contraídas previamente tendremos que pagarlas en euros. Mejor llevarnos mal que divorciarnos.

Sucede que esta desavenencia matrimonial entre Cataluña y el resto de España no es compartida por el resto de España. Uno sigue queriendo profundamente a Cataluña, y una parte considerable de Cataluña odia y aborrece a quien le quiere. Independizarse por las malas es muy fácil. No entra en cabeza humana que el Estado Español recurra a sus obligaciones constitucionales y siembre de carros de combate las tierras y ciudades de Cataluña. Europa está plagada de movimientos nacionalistas y cualquier consecución de escisión en uno de sus Estados alimentaría los contagios. La defensa de la integridad territorial de sus naciones está más en manos de los banqueros que de los soldados. Y ese obstáculo, el de la economía, es el que impide que la Cataluña nacionalista no imponga a la Cataluña española el divorcio que España no desea.

Fuera de España, Cataluña oscurecerá su futuro y perderá para siempre la excusa. A partir de ese momento, los catalanes sólo podrán culpar a sus políticos nacionalistas del desastre. Huirán empresas y personas. Las costumbres y las tradiciones no se quiebran así como así, por obra y gracia de una «Diada» o los victimismos de unos cuantos descerebrados. Europa sabe, conoce y ha sufrido en demasía las consecuencias de los nacionalismos, de los localismos y los aldeanismos. El divorcio es posible, pero excesivamente caro para compensar sus perjuicios.

Para mí, que ni los niños tienen intención de morirse ni los padres de divorciarse.

Duquesío ausente

15 de septiembre de 2012

Asistí, gracias al gran penalista José María Stampa Braun, a unas cuantas sesiones del juicio de Rafael Escobedo, acusado de asesinar a los marqueses de Urquijo. Se produjo una declaración surrealista. Fue llamado a declarar el mayordomo de los marqueses, gordinflón, de cadera blanda y muy seguro de sí mismo. El abogado de la acusación le formuló una pregunta que nada tenía que ver con un caso de asesinato y se acercaba más al ámbito de un programa «rosa» de televisión. —¿Se comía bien en la casa de los señores marqueses?—; el mayordomo se sacó de su bífida lengua, al responder, una joya semántica: —pues, vamos a ver... Cuando venía a comer o cenar el duquesío se comía divinamente, pero a diario, lo que se dice en el día a día, se comía de puta pena, con perdón—. Ese hallazgo del lenguaje, el «duquesío», no lo interpreté exclusivamente dedicado a la nobleza. El marqués asesinado, representando a su mujer, era consejero del Banco Urquijo, y en el «duquesío» del mayordomo entraba toda la gente relevante de aquellos tiempos.

En Madrid no es difícil conseguir que asistan a cualquier acto gentes pertenecientes a los espacios del duquesío. A pesar del adelgazamiento del Gobierno, los ministros se mueven con sana agilidad, y son amables y receptivos cuando se les convoca a cualquier tipo de evento. Más retraídos, dentro del duquesío, son los grandes banqueros y empresarios, que acostumbran a enviar, a última hora, a un director general en su nombre para que los represente. Estos representantes de última hora pertenecen al duquesío de segunda fila, pero duquesío al fin y al cabo. Cuando un acto multitudinario consigue reunir a la nobleza, la política, la banca, la empresa y la relevancia social, se alcanzan altas cotas de gozo irreprimible, y si algún miembro de la Familia Real preside el evento, el éxito está asegurado.

No obstante, Madrid, como Villa y Corte, no concede al duquesío la importancia que en otras ciudades tiene. Barcelona es una fabulosa ciudad, con un pequeño defecto. Su duquesío es muy limitado. De ahí, que nada le guste más a un relevante político catalán que sus comparecencias en Madrid rebosen de duquesío. La forma antes que el fondo, que es defecto bastante pueblerino. A un distinguido dirigente catalán ninguna ilusión le procura la presencia en el acto del que es protagonista del presidente de «La Caixa», porque se lo conoce de memoria. Otra cosa es si descubre que en una mesa entre tres ministros, dos políticos de la oposición, un gran empresario y un artista de prestigio, se sientan Emilio Botín o Francisco González. Entonces le fluye un arroyo de orgullo y satisfacción cantarín y desbordado, y retorna a Cataluña con el pavo en trance ascendente, y si además, tiene la oportunidad de saludar a la duquesa de Alba y hacerse una fotografía junto a ella, el pavo no llega a Navidad, a causa de un patatús de ilusión.

El presidente de la Generalidad, señor Mas, llenó el salón del «Ritz» recientemente. Pero no había duquesío. Tan sólo, y por preocupante cortesía, se hallaba el Jefe de la Casa del Rey. Muchos representantes de los medios de comunicación de Cataluña, empresarios de segundo nivel y algún cliente despistado del hotel que ocupó una silla y se ahorró el desayuno. Otro motivo más para que nos repita que Cataluña no encaja en España. Con lo sencillo que resulta en Madrid que acuda el duquesío de verdad.

Lo de menos

23 de septiembre de 2012

En los años de entresiglos —del XIX al XX—, en España se editaban más de ochocientas publicaciones periódicas dedicadas a la Poesía. Muchas de ellas a la poesía satírica y política. En lugar de analfabetos, abundaban los poetas, casi todos dueños de una clara preceptiva literaria, si bien el talento se lo disputaban una veintena de ellos. Uno de los más agudos e inspirados era Carlos Cano, aunque el Sumo Sacerdocio le correspondía, sin discusión ni debate, a Manuel del Palacio. Ignoro a qué Mas se refirió Carlos Cano en este epigrama escrito a principios del siglo XX. «A la mujer de Mas, Blas / la visita por demás, / y según propios y ajenos, / para la mujer de Mas / lo de Mas es lo de menos.»

Aquella España deprimida por la pérdida de sus últimas colonias ultramarinas y sus graves desajustes interiores, se lo tomaba todo con mejor humor. El epigrama de aquel Mas no identificado y que lo pasaba bastante mal con su señora esposa, es adaptable a nuestros días. «Don Arturo pide más / por delante y por detrás, / con objetivos obscenos. / ¿Le dirá Rajoy a Mas / "Mas, lo tuyo es lo menos"?» En aquella España derruida y nada recomendable para salir a la calle y pasear con los niños, se estableció el anarquismo en Cataluña con estimable fuerza y presencia. El objetivo era el Rey, y no dejó de serlo hasta el advenimiento de la nefasta Segunda República. El Rey Alfonso XIII, que tenía bastantes defectos y cometió muchos errores, fue un Rey moderno y con visión de futuro. En su obra «Grandes Contemporáneos», Winston Churchill lo define como un Rey «excesivamente inteligente y preparado para la Política de una nación con treinta millones de reyes». Alfonso XIII era, según me han contado, un conversador agudo y castizo. Tenía que visitar Cataluña en viaje oficial para conocer de cerca las obras de la Exposición Universal de Barcelona. El Primer Ministro se lo desaconsejó: «Tenemos indicios de que los anarquistas van a atentar contra la vida de Vuestra Majestad. Hay que cancelar el viaje.» Y El Rey se opuso: «Si he dicho que voy a Barcelona, voy a Barcelona. Además, le tengo más miedo a Gaudí que a los anarquistas.» Aquella broma sentó fatal en la burguesía barcelonesa, muy susceptible con Gaudí. «Un Rey que humilla a Gaudí no nos pertenece.» Se armó una buena. No obstante, la visita Real constituyó un éxito y el Rey consiguió, no sin esfuerzos, que su frase no tuviera tan involuntaria y exagerada repercusión.

Creo que a Mas hay que tratarlo con sentido del humor, entre otras razones, porque no lo tiene. Como todo fanático, no acierta a distinguir entre una advertencia y una broma. Los catalanes tienen humor, y muy fino. Josep Pla, Dalí, Boadella. Un humor muy abrazado a la raíz de la tierra, y al surrealismo y a la ironía. Pujol tiene un sentido del humor socarrón y cazurro. Mas, no. Si Rajoy recibe a Mas y le pregunta «¿Qué tal van las cosas por Santander?», Mas, en lugar de seguir la broma le respondería muy serio: «Te has equivocado. Yo no tengo nada que ver con Santander. Soy el Presidente de la Generalidad de Cataluña», a lo que Rajoy habría de contestar: «¡Ah, claro, perdona, qué despiste he tenido!»

Porque, con la Constitución en la mano, y sosteniendo los argumentos en las claras, valientes y oportunas palabras del Rey, a Mas no se le puede recibir con normalidad en el Palacio de La Moncloa. Tampoco con descortesía, porque ese Palacio tan gafe es la sede de su Presidente del Gobierno.

Pero eso sí. Cuando exponga sus planes de escisión de España, o de fiscalidad propia, o de lo que sea, nada de enfadarse. Se le dice «tururú» y santas pascuas. Lo de Mas es lo de menos, como el poeta escribió un siglo atrás.

Los trituradores

24 de septiembre de 2012

En los informativos de las radios y las cadenas de televisión, han crecido como enanos los trituradores del lenguaje. O por analfabetos, o por cursis o por obediencia y seguimiento de consignas nubladas. Estos días, se han referido muy habitualmente a la incomprensión entre «España y Cataluña», equiparando a España con Cataluña en la pretensión de nación de la segunda. Cataluña es España, y si existen diferencias —lo que es evidente—, la incomprensión se establece entre «Cataluña y el resto de España», o entre el Gobierno autonómico de la Generalidad de Cataluña y el Gobierno español. En nuestro idioma común la Generalidad no es la «yeneralitat», ni el consejero el «conseiller», ni la Junta la «Xunta», ni Finisterre «Fisterra», ni Fuenterrabía «Ondarribia» ni los Mozos de Escuadra los «Mossos d'Esquadra». Bienvenidos sean los usos locales cuando los idiomas autonómicos se hablan, pero desde TVE, Antena-3, Telecinco, Onda Cero o la COPE semejantes cursilerías semánticas no son admisibles. Los editores y redactores de los informativos harían muy bien en saberlo, y mejor aún, en reparar la cursilería buenista de su lenguaje. Años atrás, cuando el terrorismo de la ETA nos regalaba un asesinado cada día, los medios —con especial entusiasmo los inmersos en el conglomerado de Prisa—, se referían a la «lucha armada», eufemismo utilizado con perseverancia por los allegados al terrorismo para suavizar el impacto de la expresión. Y lo consiguieron con plenitud, porque una buena parte de nuestros más afamados líderes mediáticos cayeron en la trampa de la «lucha armada». Quizá, el día que la ETA voló la Casa-Cuartel de la Guardia Civil de Zaragoza y se comprobó que los niños asesinados por la metralla y la Goma-Dos tan sólo llevaban en sus mochilas, camino del colegio, lápices, libros, cuadernos y un «donuts», algunos informadores y opinantes se apercibieron de su infame uso del lenguaje.

Otra moda que se extendió como una epidemia en el muy mejorable idioma periodístico fue la persistente aplicación errada de la voz «humanitario o humanitaria». «Mueren más de trescientas personas en el terremoto de Guatemala. El Gobierno de España enviará ayuda para combatir esta catástrofe humanitaria.» La catástrofe sería humana, porque habría afectado a trescientos seres humanos, pero jamás humanitaria, por cuanto lo humanitario es aquello que beneficia a la humanidad. «El fuego acaba con la vida de diez personas. Un desastre humanitario y ecológico.» De acuerdo. Ecológico sí, humanitario no, porque nada que signifique un desastre resulta beneficioso para la humanidad, y más aún si mueren diez personas intentando apagar las llamas. Y en las retransmisiones deportivas, las futbolísticas, se habla mucho del palo corto y el palo largo, cuando ambos palos miden exactamente lo mismo con el fin de no traicionar la estructura rectangular de la portería.

Pero estos modismos infectados apenas tienen importancia comparados con los que contagian a tantos, incomprensiblemente. Entre Cataluña y España no puede existir ningún conflicto. Cataluña es España. Otra cosa es «Cataluña y el resto de España», o «Extremadura y el resto de España», si son los extremeños en el futuro los que pretenden incorporarse a Portugal y separarse del resto de España. «El contencioso entre Euskadi y el Estado español no encuentra una vía de salida.» Es lógico porque «Euskadi» es parte fundamental del Estado español y los contenciosos no se plantean desde un solo lado. Pero lo de «Cataluña y España» me está tocando las narices. Bastante, sinceramente.

José Manuel Lara

30 de septiembre de 2012

Llevo muchos años tratando a los Lara. José Manuel Lara Hernández, el fundador de la saga, era un personaje genial. Me figuro que más abierto en sociedad que en la familia. Vivió, se casó y triunfó en Barcelona, pero no se le quitó jamás su acento sevillano del Pedroso, lugar de su nacimiento y del que terminó siendo su marqués. Decía sin prudencias todo lo que se le pasaba por la cabeza. Un día en un restaurante de Madrid ya desaparecido le saludó Javier de la Rosa: «¡Havié, a ver si te dejas de esos negocios tan rarísimos!» Vivían en la misma casa Lara, Godó y De la Rosa, «El genio, el débil y el malo», en película de Clint Eastwood con música de Morricone. Su mayor fracaso lo constituyó la compra de los derechos de las memorias de Svetlana Stalin, cuya edición fue un fracaso. No se acordaba bien de los apellidos de sus autores. A Palomino le decía Palomeque, y a Antonio Gala, «el del bastón». Tuve que influir, y mucho, en una de sus mayores ilusiones. Su mujer, María Teresa Bosch, era su mejor consejera, la única persona que podía hacerle cambiar de decisión. José Manuel Lara surgió de la nada, y con un talento natural inconmensurable, creó un imperio cultural. Gracias a él muchos escritores españoles se dieron a conocer. Su hijo Fernando Lara Bosch, fallecido en plena juventud en un accidente de carretera, era un personaje formidable, cordial, inteligente, enamorado de la edición de autor. Y el mayor de sus varones, José Manuel Lara Bosch, se especializó en las grandes ediciones. El fundador se llevaba mejor con Fernando que con José Manuel, que le plantaba cara de cuando en cuando. Me lo dijo cenando en Barcelona: «Lo más importante para Fernando Lara Bosch es José Manuel Lara Hernández. Y lo más importante para José Manuel Lara Bosch es José Manuel Lara Bosch.» La Editorial Planeta, con su premio y su influencia, alcanzó todos los rincones de España desde Cataluña. Y cambió el paisaje de muchos hogares sin libros ni lecturas.

José Manuel Lara Bosch, el hijo mayor, se hizo cargo de Planeta cuando su padre principió su extinción, y multiplicó por cien su fortuna. Los hijos de los grandes acostumbran a ser decepcionantes, pero en España dos han superado a sus progenitores. Emilio Botín y José Manuel Lara Bosch. No he estado de acuerdo en muchas ocasiones con Lara, que es el accionista de referencia de *La Razón*. Los empresarios poderosos van a lo suyo, y los que trabajamos en alguna de sus empresas, vamos a lo nuestro. Pero esas eventuales disidencias no me rebajaron ni un ápice la admiración y el respeto que siento por su persona y su obra. Y hoy puedo decir que me siento orgulloso de colaborar en un periódico de su grupo, sencillamente. Para los malpensados de siempre les advierto que me pagan muy bien y que me siento muy a gusto, y que no tengo ninguna intención de pedirle un aumento por estas palabras. Le he demostrado en diferentes ocasiones mi lealtad a *La Razón*, a quienes lo administran y a todos los que lo hacen, y sería ridículo recordarlo.

José Manuel Lara, que nació en Cataluña y es un importante empresario catalán, ha declarado que, si se alcanza la locura de la independencia, Editorial Planeta se instalará en Zaragoza, en Madrid o en Cuenca. Se le ha olvidado Sevilla, donde tiene su sueño y sus raíces, las de su padre, que ha recuperado plenamente. Abandonar Barcelona para un barcelonés que ha instalado allí su imperio no es fácil. Sucede que Lara se ha atrevido a decir en alta voz lo que muchos empresarios catalanes callan por cobardía. Los Lara son impetuosos, nunca cobardes. Le lloverán críticas desde los espacios independentistas catalanes. Lara es catalán y español, o español por catalán, o catalán por español, y lo tiene claro. Que estas palabras le ayuden a compensar en su ánimo los chuzos que le están cayendo en punta.

Un abrazo. Estoy contigo.

Barcelona, capital

6 de octubre de 2012

Don Juan de Austria, el ilegítimo, medía ciento noventa centímetros de altura. Ahí está, en el Panteón de los Infantes del Escorial, digno, inmenso, rotundo, entre sepulcros azucarados, a pesar de su bastardía. Su padre, el Emperador, era un tapón, como su hermano, Felipe II, que se tocaba con un ridículo sombrero para disimular la tacañez de su estatura. Felipe II, que tenía muy mala leche, designó a Madrid como Capital del Imperio, desechando Lisboa, con su plaza del Comercio abierta al Atlántico, al Nuevo Mundo, a las lanzas, los trabucos, los oros y los mercaderes. Aquel capricho lo pagamos todos los días los madrileños. Los sepulcros de los Reyes y Reinas de España en el Panteón escurialense están hechos a medida del Emperador Carlos I y su hijo legítimo, Felipe II. De ahí el Pudridero, fase de un cuarto de siglo durante la cual los restos mortales de los reyes yacen sobre cal viva para facilitar, antes de ser instalados en su urna definitiva, la quiebra de sus miembros inferiores. Culpa de los Austria, que a España llegaron rubios y altos, para reinar y posar ante Velázquez en los montes del Pardo con el Guadarrama al fondo. Pero ya Madrid tenía vocación de hervidero. De un lado, el asombro. En una cualquiera de sus plazuelas, y así lo dibujó magistralmente Antonio Mingote en su «Historia de Madrid», podían coincidir sin excesivo pasmo, Quevedo, Góngora, Villamediana, El Greco, Lope de Vega, Cervantes, Tirso de Molina, Francisco de Rioja, Juan de Mariana, Vicente Espinel, Ruiz de Alarcón y, entre todos ellos, el niño Pedrito Calderón de la Barca de la mano de su aya montañesa, pechugona y altiva. Del otro, la bellaquería, la vileza y la violencia de lo que principiaba a ser la gran ciudad que acogía a la Corte. Siglos después, el pueblo, que no la Cultura, la plebe, que no la sabiduría afrancesada, se lanzó a la calle en defensa de quien no lo merecía, y rompió el camino hacia la ilustración que España demandaba. Recordaba todo esto con el gran Arturo Pérez-Reverte en el comedor de «Lhardy», a pocos metros de su «Salón Japonés», donde Isabel II almorzaba de tapadillo con sus bravos jinetes y, con antelación a uno de sus majestuosos galopes, se quitó el corsé y ahí lo abandonó, entre abanicos y camafeos. El Madrid que recibió a Alfonso XII amó a Alfonso XIII y proclamó la Segunda República. El Madrid checa, el Madrid venganza, el Madrid de Franco y el de la Transición. Hoy, el Madrid que sufre más de dos mil manifestaciones cada año, siete por día, sin contar con la Fiesta de la Bicicleta, la del Orgullo Gay, el maratón, la etapa final de la Vuelta a España, y las posibles concentraciones forofas en Cibeles y Neptuno si Real Madrid o Atlético aciertan en la portería contraria. Menuda faena nos hizo Felipe II.

Barcelona es una ciudad prodigiosa, y ese creciente desdén que sienten los catalanes hacia el resto de sus compatriotas —con Madrid, la agobiada y agobiante Madrid de nuestras desdichas como diana principal de su desafecto— se suavizaría notablemente si Madrid le trasladara el honor de la Capitalidad de España. Barcelona siempre ha sufrido con ese matiz de gran ciudad periférica alejada de la Corte, del poder político, de las banderas que ondean en las embajadas, del Congreso, el Senado y las compañías de la Guardia Real presentando armas al Rey en la Plaza de la Armería. Dicho y hecho. Que la faena que nos hizo nuestro Señor el bajito de Felipe II sea subsanada. A Barcelona le sobra grandeza para convertirse en la nueva Capital de España. Eso sí, con sus más de dos mil manifestaciones cada año.

Mosaico

7 de octubre de 2012

Aunque se enfade mucho el señor Tremosa, del que tengo entendido que es eurodiputado de Convergencia y Unión, una persona libre y normal no se dedica a colaborar con los mosaicos humanos. Puede participar en un mosaico todo aquel que haya nacido en Corea del Norte. En ese caso, el ridículo se salva, porque en tesitura contraria, no levantar la cartulina conlleva el inmediato ingreso en prisión y posterior ejecución en plaza pública. En la enciclopedia mundial de las tonterías humanas, que es el «Libro Guinness de los Récords», se ensalzan bobadas colectivas de pareja necedad a la de los aficionados a formar multicolores mosaicos. La paella más grande del mundo, y el bocadillo de salchichón más largo de cuantos se han hecho hasta la fecha. Creo que en la elaboración del bocadillo de salchichón más largo —que alcanzó quinientos metros de longitud— colaboraron mil seres humanos afanosos y entusiastas. Una tontería como otra cualquiera. Hubo fiesta y baile en la localidad salchichonera para celebrar la rotunda majadería.

El señor Tremosa, del que —insisto— tengo entendido que es eurodiputado de Convergencia y Unión, de lo cual mucho me alegro y le envío desde aquí mis más cálidas congratulaciones, se ha sentido molesto por un «tuit» del director de *El Mundo* alusivo al nazismo sobre un gráfico que recreaba la gigante señera aragonesa que formarán todos los espectadores del «Barça»-Real Madrid en el Camp Nou. No es justo el enfado. Los nazis eran también muy partidarios de los mosaicos humanos, como los soviéticos. En Cuba, no hay hombre o mujer que se equivoque cuando de formar un mosaico humano y revolucionario se trata. En las sociedades oprimidas —y los nacionalismos son opresores por definición— los mosaicos humanos salen mejor y más bonitos que con muchedumbres libres. La libertad no tolera ese tipo de obligaciones. Se acude al fútbol, se paga la entrada y encima se le obliga al pagador a levantar una cartulina. Muchos de los que colaboren en la noche de hoy con tan clamorosa y estallante chorradita, no lo harían de no sentirse vigilados por el vecino del asiento adyacente, temor impuesto en los sistemas policiales para controlar mejor la magna obra a mostrar. En el Real Madrid, últimamente, han intentado copiar la modita del mosaico, pero sale fatal. No somos disciplinados los del viejo Foro. Siempre hay centenares de portadores de cartulinas que se olvidan de mostrarlas, y los mosaicos del Bernabéu, por libres e indisciplinados, son chungos y alopécicos, poblados de calvas, auténticos churros. Eso sí, a los niños menores de diez años les hace ilusión contribuir al espectáculo, y se lo pasan bomba, como en la mañana del día de los Reyes Magos.

No tengan la menor duda de que el mosaico de esta noche en el «Camp Nou» va a ser impresionante. Allí son disciplinados y constantes en este tipo de manifestaciones. Es posible, incluso, que aparezca una fotografía general del gran estadio barcelonista en la próxima edición del «Guinness de los Récords». Será un premio merecido, y es de esperar, que por un emocionado descuido con objeto de contemplar la belleza unánime del mosaico, al señor Tremosa no se le olvide alzar su cartulina. En tal situación, no le arrendaríamos las ganancias ni podríamos asegurarle su renovación como eurodiputado por Convergencia y Unión, lo cual sería una verdadera lástima, escrito sea de paso.

El espíritu europeo responde al triunfo del individualismo sobre el colectivismo. Las multitudes amaestradas en este siglo XXI sólo se dan en determinadas ideologías de muy limitada recomendación. Eso sí, el mosaico será una obra perfecta, preciosa, con esa señera del Reino de Aragón perfectamente desplegada por la obediencia debida.

¡Qué aburrimiento!

11 de octubre de 2012

Mañana es 12 de octubre. Es el Día del Pilar y de la Hispanidad. Entre otras muchas celebraciones —mi felicitación a todos los miembros de la Guardia Civil por la fiesta de su Patrona—, tiene lugar el desfile de las Fuerzas Armadas en Madrid, que preside el Rey. Acostumbran a darse un garbeo por el Foro, con tal motivo, los presidentes de las autonomías. En esta ocasión no tendremos la suerte los madrileños de acoger al Presidente de la Generalidad de Cataluña, Artur Mas. Lo ha explicado uno de sus portavoces, Francesc Homs. Que Mas está enfadado con Rajoy por haber éste definido la deriva separatista de CiU de «disparate colosal». Una imperdonable falta de respeto que ha colmado el vaso de la paciencia de Mas. No viene. Creo que se trata de una descortesía, por cuanto Mas es el representante en Cataluña de quien preside el desfile. Cierto es que en Barcelona no estuvo cordial ni respetuoso con su representado, al que menos intentar darle una colleja, le dedicó toda suerte de groserías.

Si Rajoy, que no puede ser considerado un provocador, en lugar de hablar del «disparate colosal» hubiera opinado del veranillo de San Miguel, la justificación sería la que sigue: «El "President" no acudirá al desfile porque Rajoy en lugar de veranillo de "Sant Miquel" ha dicho de San Miguel, y consideramos que lo ha hecho con intención de despreciar a los catalanes.» Es lo mismo. Mas no desea presenciar el desfile. Algunos de los soldados que pasarían ante sus ojos cuatribarrados se han jugado la vida este verano para sofocar los incendios que se han producido en Cataluña. Lo han hecho no sólo para salvar los bosques, sino para socorrer a los catalanes. «Encima vamos a tener que agradecerles que hayan cumplido con su deber», le habrá dicho crispado a su portavoz Homs. Se lo pierde. Es muy complicado en España hoy en día —Cataluña incluida, claro—, acudir a una celebración compuesta en su totalidad por españoles decentes, muchos de ellos, catalanes. Esa decencia que desfilará ante el Rey ha elegido por vocación el servicio a España y los españoles. Unos llegan más arriba y otros se quedan en el camino. La mayoría acude a cumplir en el exterior misiones acordes a nuestros compromisos internacionales y por fortuna, cumplido el deber, vuelven a España. Algunos lo hacen en un ataúd. Nos están defendiendo a todos, catalanes, vascos, castellanos, andaluces y para qué seguir. Uno de los defendidos es Mas, aunque su sensibilidad de chorlito nervioso le impida reconocerlo, valorarlo y agradecerlo. De todos esos hombres decentes, los que alcanzan el más alto rango después de servir sin condiciones a España y a la sociedad durante cuarenta años, pasan a la reserva con una jubilación de dos mil euros. Entiendo que esas cifras no entran en la imaginación de Mas, porque en sus territorios —no es exclusivo de Cataluña—, los políticos acostumbran a jubilarse o retirarse, o a ser retirados por las urnas, poderosamente ricos. La asistencia al desfile del 12 de octubre es más que una cortesía institucional. Es un examen de conciencia. Llevan los militares decenas de años sufriendo rebajas en sus presupuestos. Se les quita el dinero y se les ordena que sigan manteniendo el mismo nivel de efectividad operativa. España cree que se puede optar por una Defensa hueca. Aún con casi nada, esos soldados que no va a ver desfilar Mas, mantienen nuestro prestigio exterior por su espíritu, valor y efectividad. Pero sobre todo, eso y sólo eso, Mas, la dignidad. No ponga disculpas. Quizá lo que le sucede al Presidente de la Generalidad es que no le apetece sonrojarse ante tanta decencia y lealtad reunida.

Plaza de Cataluña

13 de octubre de 2012

La Bandera de todos y la Señera abrazadas y unidas en la Plaza de Cataluña de Barcelona. Decenas de miles de ellas. Ni un mensaje insultante. Familias enteras y muchas sonrisas. Muchas pistolas tendrá que comprar TV3 para disparar contra todos los asistentes a la manifestación de la unidad. La verdad es que el disparo que hirió al Rey en el deleznable programa de la televisión nacionalista catalana le ha afectado poco. Ha pasado revista a su Guardia Real a pie, doliente pero recuperado. Y el tiro a Salvador Sostres le ha inspirado para escribir un gran artículo. El nacionalismo separatista ha perdido por su mal estilo. Y para colmo, les ha caído del cielo, como un fardo insoportable, Ernest Maragall, el hermanísimo, un tostón de tío.

Para llegar a la plaza de Cataluña nadie ha fletado autobuses ni ha abusado de prebendas provenientes del dinero público. Soy parcial, claro, porque me siento español y no concibo una España sin nuestra amada Cataluña. Los socialistas se han desmarcado. ¿Qué les pasa a los socialistas con España? ¿Por qué les molesta tanto España? Lo lógico es que Carmen Chacón, por poner un ejemplo, hubiese formado parte de la gran multitud que hoy se ha reunido en Barcelona para recordar a los separatistas que una gran Cataluña se siente tan española como catalana. Tendría que haberlo aprendido durante los años que fue ministra de Defensa. Pero no. Al final les sale a todos los socialistas el amargor antiespañol del pasado siglo. De los comunistas ni me canso en analizarlo. Lo suyo no es amargor, sino odio. Sus antecesores, al menos, querían una España roja. Los de hoy sueñan con destrozar España, y colaboran para ello con gran entusiasmo.

Ayer se manifestaron en Barcelona los catalanes que sienten España como suya. Les viene el sentimiento desde más allá de cinco siglos de hermandad. ¿Por qué no se insulta, por qué no se hiere, por qué no se molesta a quien no coincide con sus ideas en estas manifestaciones? Porque el sentimiento español quiere, y el sentimiento separatista odia. No tienen pistolas para herir a tan alarmante —para ellos— número de catalanes que no quieren elegir entre su padre y su madre.

Muchos de los acomodaticios que votan a CiU por temor a no ser reconocidos por el sistema establecido, quizá han encontrado hoy la respuesta a su mansedumbre. No pasa nada por sentirse español y catalán simultáneamente. Y aquí esta prueba. Hoy no se han movido los fajos de billetes para premiar a los organizadores de la manifestación. Hoy no han pagado los contribuyentes catalanes ni desplazamientos, ni comidas, ni dietas, ni símbolos ni pancartas. El Gobierno de la Generalidad, mientras ondean decenas de miles de Banderas de España y Señeras en la plaza de Cataluña, está reunido, contando uno a uno los billetes que hasta casi seis mil millones de euros les han mandado desde Madrid, la aborrecida «Madrit», para tapar los agujeros de su derroche. Que cuenten, que cuenten mientras Barcelona se tiñe de unidad y fraternidad.

En Madrid han desfilado los militares ante el Rey. Para ello se han gastado quince veces menos que los nacionalistas para sufragar su manifestación de la Diada. Novecientos mil euros. Y no se ha notado, porque lo que ha desfilado ante el Rey ha sido el honor. (A cuento viene. Ya me dirán los de Protocolo por qué han situado a la Infanta Elena fuera de la Tribuna Real, y para colmo, al lado de Rubalcaba. Se me ha antojado una deslavazada grosería.) Y termino, que hoy es día de efusiones hermanas. Unos, a contar los fajos y los otros a recordarnos lo que significa España.

El Mesías

16 de octubre de 2012

«Soy un servidor de una causa histórica». Quiso parecer humilde y le salió la locura mesiánica. Es curioso. Pero este hombre, desde que se ha declarado abiertamente independentista, ha menguado en estética. Nada tengo contra los jefes de planta de los grandes almacenes, casi siempre amabilísimos y eficientes. Espero que no se sientan zaheridos con el brillante resultado de mi observación. Mas, con ese tupé, bien podría ser jefe de la planta de «Ropa de Caballeros» de unos grandes almacenes en el decenio de los ochenta. Y no se puede ser un mesías y un servidor de una causa histórica, cuando por el aspecto, Mas está siempre a punto de recomendar «este chaquetón de cuero que sale a muy buen precio».

Tienen razón los que señalan a los diferentes Gobiernos de España durante el período democrático como culpables, por dejación, complejo y vagancia, de no haber tenido mayor presencia institucional en Cataluña. Lo han ido dejando y la situación, hoy por hoy, parece irreversible. El representante del Rey en Cataluña tiene una televisión completamente rendida a sus órdenes en la que disparar contra el Rey es algo divertido. De aquella exquisita educación, consecuencia del alto nivel cultural de Cataluña, nada queda. Lo nimio y lo anecdótico se han convertido en fuerza argumental invencible. Se cuenta del acto de inauguración del edificio con forma de «chupa-chups» de Agbar. Se interesó Pascual Maragall por el número de operarios que habían trabajado en su construcción. Sólo le interesó saber este dato. «¿Se entendían en catalán?» Y uno de los aparejadores comentó: «Más bien en marroquí.»

Ortega y Gasset dio por perdida a Cataluña en los años treinta. El Príncipe ha dicho que «Cataluña no es ningún problema». Me alivia su optimismo. Su abuelo, Don Juan De Borbón, asiduo visitante de Barcelona, no opinaba lo mismo. «Me preocupa mucho más el nacionalismo catalán que el vasco.» El entonces Presidente de la Generalidad, Jordi Pujol, le colmaba de cordialidades. Durante sus estancias en la clínica Barraquer, Pujol visitaba a don Juan con mucha frecuencia. Pero fue el anterior Presidente, Josep Tarradellas, el que convenció a Don Juan para que eligiera como su enterramiento el monasterio de Poblet, donde descansan los Condes de Barcelona. Don Juan pagó de su dinero las obras de los que habrían de ser sus sepulcros, el suyo y el de Doña María. Cuando el Rey decidió honrar a sus padres, Los Reyes de derecho y no de hecho durante 40 años, adjudicándoles las dos últimas urnas del Panteón de los Reyes en El Escorial, Don Juan no ocultó su alivio. «En el fondo me inquietaba pensar que iba a descansar en una tierra que podría dejar de ser España.» Cuando Antonio de Senillosa, el «Seny», hizo público este comentario en un debate en Antena 3, muchos independentistas de hoy se lanzaron como lobos a su cuello.

Cataluña es España, pero España no ha sabido estar en Cataluña durante estas últimas décadas. El complejo ante el nacionalismo se hizo silencio permanente. Cataluña, y en concreto Barcelona, fue una España gozosa y unida durante la celebración de los Juegos Olímpicos de 1992. Quizá, en aquella época, los catalanes se apercibieron del orgullo y del amor que el resto de España sentía por Cataluña. En aquellas tierras, la joya de la Corona, ha predominado un socialismo, que para demostrar su plena identificación ha sido más nacionalista que todos los partidos nacionalistas juntos. Y ahí se ha quebrado el sistema. Y para colmo, nos llega el Mesías de los grandes almacenes. «Caballero, nos han llegado una nuevas corbatas italianas que son una maravilla.»

La carretera

17 de octubre de 2012

En el libro más chismoso, revelador e interesante de cuantos se han escrito de las entretelas del franquismo hasta la fecha, «Mis Conversaciones Privadas con Franco» —Planeta, 1976—, del que es autor su primo y secretario particular Francisco Franco Salgado-Araujo, familiarmente conocido como «Pacorro», se dibuja este paisaje de despacho. Franco tiene decidido designar al Príncipe sucesor a título de Rey. Y le comenta a su primo que en breve tiempo, la carretera que lleva hasta el Palacio de La Zarzuela va a incrementar notablemente la densidad de su tráfico. En aquel tiempo era una carretera casi desierta de movimiento, por la que iban y venían los colaboradores leales de Don Juan Carlos, los colaboradores que espiaban a Don Juan Carlos y Jacobo Cano, que hacía de secretario particular del Príncipe, y que falleció, precisamente en esa carretera, en un tontísimo accidente, pocos años más tarde.

Las carreteras tienen vida propia. Prueba de ello es lo poco que se parecen cuando se toman en una dirección o se circula en la otra. Esa carretera amable del amanecer que se convierte en una tortura cuando termina el horario del trabajo y se siente invadida por miles de coches conducidos por fieras corrupias que desean por todos los medios llegar a sus casas a dentelladas.

Me contaba Antonio Ozores que, en uno de esos atascos, se apercibió de que el coche que circulaba a trompicones a su lado tenía la puerta de la derecha mal cerrada. Y Antonio, muy cordialmente, hizo sonar su bocina para advertírselo al conductor de marras. Así lo hizo, señalando la puerta mal clausurada y el advertido, en lugar de agradecérselo le berreó: «¡Tu puta madre!»

Me temo que una carretera va a incrementar su tráfico en pocos meses, con crecimiento constante y paulatino. Sólo en una dirección. La autovía que une Barcelona con Madrid. Cada día que pasa son más las empresas que anuncian un posible traslado de sede si se cumplen los vaticinios soberanistas del nacionalismo catalán. José Manuel Lara fue el primero en advertirlo. «No es que quiera irme, es que me echan». Ahora se han sumado la Volkswagen, Procter & Gamble y Arbora & Ausonia. Es cuestión de perder el miedo. El llamado efecto dominó. Cae la primera pieza y arrastra a las demás. Una Cataluña abandonada por la industria parece inconcebible, pero las empresas no tienen corazón. Siempre es mejor tener la sede en una ciudad europea que en una ciudad expulsada de la Unión. No discuto el derecho a decidir de los pueblos. Discuto la fórmula que se salta las leyes. Lo ha dejado claro —por una vez, lo cual celebro—, el Presidente del Tribunal Constitucional. «Una demanda de independencia afecta al conjunto de los ciudadanos españoles, ya que el sujeto constituyente es el pueblo español, y la Constitución es bien clara al respecto.» El catalán tiene el mismo derecho a votar en un refrendo por la independencia de Toledo que un toledano. Y el toledano el mismo que el catalán si la referencia es Cataluña. Si una parte de mi Patria, España, quiere dejar de tenerme entre los suyos, constitucional e individualmente tengo todo el derecho a dar mi opinión con mi voto.

No obstante, la sensación de crispación va en aumento, y el dinero es egoísta. Es más rentable trabajar y producir donde no hay tensiones políticas que en territorios violentados por el orgullo de la aldea. Autopista hasta Madrid, vía Zaragoza, que también acogerá a las empresas que quieren seguir en Europa. Carretera y manta.

Carta de un soldado

20 de octubre de 2012

He recibido en un sobre blanco la carta que a continuación transcribo. Lo del sobre blanco carece de toda importancia. En un sobre amarillo, o verde, o sepia, el contendido del mensaje mantiene todo su valor. En su texto se aprecia una educadísima decepción por haber sido objeto de una descortesía. No va dirigida ni a usted ni a mí, sino a los señores políticos, y dice así: «Estimados señores políticos: soy un soldado español que todos los años desfila, si no con mi presencia, sí con el corazón, en este día de nuestra Fiesta Nacional. Este año, como no podía ser menos, y a pesar de los recortes (desfilar con el corazón es gratis), también he desfilado por el Paseo de la Castellana, feliz por sentirme arropado por mis conciudadanos. Pero al llegar a la tribuna de autoridades y volver mi vista a la derecha, he visto apenado muchos huecos entre los presidentes autonómicos, diputados y senadores sin distinción de partidos políticos. Y no sólo apenado, sino también ofendido, y me imagino que alguno de ustedes tendrá la curiosidad de saber los motivos de la tristeza y la ofensa.

»Porque son ustedes los que me llaman cuando arde el monte, cuando una riada causa estragos, o cualquier otra desgracia en la que sea necesaria, para paliarla, mi presencia, mi esfuerzo y mis conocimientos. Porque son ustedes los que, con el sólo gesto de pulsar un botón en el Parlamento, deciden que vaya a jugarme la vida por España en Afganistán, Kosovo, Líbano o cualquier otro destino, y algunas veces la pierda. Porque son ustedes los que esperan que en caso de necesidad —(ojalá no la haya nunca)—, yo esté preparado para darlo todo en defensa de mi país y mis conciudadanos, incluso la vida. ¿Les parecen a ustedes suficientes motivos? Algunos de ustedes han alegado problemas de agenda, otros que ésta no era su Fiesta... pero cuando ustedes me llaman y reclaman y me ordenan, yo no miro mi agenda ni compruebo si para mí es fiesta o no. Simplemente voy.

»Ustedes me piden que dé la vida, si fuera necesario, a cambio de un sueldo irrisorio para lo que se espera de mí, de mi vocación de servicio y de mi amor a España, y yo en cambio sólo les pido una hora de su tiempo, sólo una hora cada año, para que demuestren respeto y reconocimiento por mi labor. Es una pena que ustedes, que dicen representar al pueblo, no estén a la altura de ese pueblo, que sí sabe reconocer y agradecer mi esfuerzo y dedicación. Pero estén ustedes tranquilos. Cuando, si fuera necesario, me llamen para colaborar en la solución humana de cualquier estrago, o para que me separe de mi familia para ir a un país lejano a ponerme delante de las balas que no son mías, allí estaré, no por ustedes, sino por mis conciudadanos.

»Hoy era mi fiesta, nuestra Fiesta, y ustedes no han estado ahí. Así, que con el debido respeto... ¡¡¡que los zurzan!!! Por cierto, yo, como militar, como todos mis compañeros, he recortado un 65% el gasto del desfile de la Fiesta Nacional en atención a la grave situación que atravesamos. No lo espero de quienes nos tratan con tanta distancia como falta de afecto y cariño. No lo espero de quienes siempre que pueden reducen el presupuesto de nuestra Defensa en beneficio de otras partidas absolutamente innecesarias. No lo espero de quienes siguen confundiendo el amor a España y la defensa de los españoles como una nostalgia del pasado. No lo espero, pero sería de agradecer que también se aplicaran el cuento y el descuento. No lo espero, pero no me resisto a recordárselo.»

Por la transcripción...

Muy antipáticos

22 de octubre de 2012

Se quejan de que somos anticatalanistas y antivascos. Nada más lejano a la realidad. Es su principal argumento victimista. Si tanto nos importa al resto de los españoles lo que está sucediendo en Cataluña y las provincias vascas es por lo mucho que queremos y admiramos a los naturales de sus territorios. El marido que tiene a su lado a una pesada que no hace más que humillarlo en público, pedirle dinero, renegar de su condición y demás lindezas, no se opondría a una separación unilateral. Es más, daría saltos de alegría el día de la escisión matrimonial. Pero no es el caso, a pesar de los continuos gestos de antipatía que los nacionalistas vascos y catalanes nos llevan regalando al resto de sus hermanos durante decenios.

El último el de Mas. Aprovechando una coyuntura económica difícil —a la que tanto han colaborado en empeorar los nacionalistas—, el Presidente de la Generalidad celebra «ver a España contra las cuerdas, débil y desacreditada». Más o menos lo que dijo Otegui desde la cárcel. Siempre tan antipáticos. En el caso de Mas, una antipatía muy injusta, por cuanto acaba de recibir de los administradores contra las cuerdas, débiles y desacreditados casi seis mil millones de euros para que su Gobierno insista en derrocharlos en chorradas. Entiendo la quiebra de la simpatía cuando uno acude a un amigo a pedirle dinero y éste lo ningunea y humilla, amén de negárselo. Pero Mas tiene que reconocer que no está bien pedir seis mil millones de euros, recibirlos, y ya con el dinero en el talego, ponerse a insultar a los prestamistas, que a su vez, están hipotecados por otros préstamos, que a su vez, indefectiblemente, terminará cobrando Ángela Merkel con suculentos intereses. España está al borde del abismo, y ese abismo lo comparten Cataluña, el País Vasco y hasta las islas Chafarinas.

Con tanta antipatía no se ganan adeptos fuera de los límites provinciales y autonómicos. Mas se alegra del mal ajeno, y lo reconoce, sin apercibirse de que ese mal ajeno es su propio mal. Lo mismo hace Otegui desde la cárcel, que afortunadamente no es la Modelo de Barcelona, que ha sido invadida por ratas, chinches y piojos porque no hay dinero para desratizar, deschinchar y despiojar sus instalaciones. Menos mal que Otegui no se halla en la Modelo de Barcelona, porque Mas perdería a su amigo querido y allegado.

Nadie puede mandar sobre los sentimientos y los pensamientos individuales o colectivos. Si hay decenas de miles de catalanes que no quieren seguir siendo españoles, que acudan al camino que establecen las leyes y hagan lo que legalmente es preceptivo para separarse. Y los vascos, lo mismo de lo mismo. Pero sería de agradecer que rebajaran el tono de los desprecios, los desafectos y las antipatías permanentes. No se puede ir por la vida dando collejas innecesarias a los cogotes ajenos. No se puede ir por la vida riéndose de los necesitados, y menos aún, cuando el necesitado ha hecho un esfuerzo para prestar lo poco que le queda al que se ríe. El gran defecto de los nacionalistas no es otro que su mala educación. Insultan, y apenas unos segundos más tarde, se quejan por haber sido insultados.

No olviden en el País Vasco que detrás de toda su ignominia hay mil muertos inocentes y miles de familias destrozadas. No es una opinión, sino un dato histórico. No olviden en Cataluña que el resto de España es su mejor cliente. Y no es una opinión, sino otro dato demostrado. Déjense pues, de antipatías y desafectos, pidan perdón y sigan a lo suyo.

A la señora Reding

25 de octubre de 2012

Mi estimada señora Reding, vicepresidenta de la Comisión Europea y comisaria de Justicia, Derechos fundamentales y Ciudadanía: He leído que cuatro políticos españoles, tres catalanes y un gallego, le han escrito reclamando su protección por amenazas militares contra Cataluña. Me sumo a la reclamación de Raül Romeva, la socialista Maria Badia, y el convergente Ramón Tremosa, el mismo que denunció ante la Comunidad Europea el pisotón de Pepe a Messi en un Real Madrid-FC Barcelona. La cuarta, Ana Miranda, es una gallega del BNG que está celebrando en estos momentos el éxito de su partido en las elecciones de Galicia.

Mi estimada señora Reding. Vivimos en España de milagro. Los militares nos atacan por todos los flancos. Esta mañana, cuando desayunaba en la cafetería que visito todos los días, ha irrumpido un sargento de uniforme y un niño se ha puesto a llorar. Ayer, mientras paseaba por la calle de Alcalá, y a la altura del Palacio de Buenavista, que alberga la sede de la Jefatura de Estado Mayor del Ejército de Tierra, advertí entre los árboles otoñados de su gran jardín a un teniente con el semblante muy serio. Y eso, señora Reding, no se puede tolerar. Cuando he leído que cuatro aviones del Ejército del Aire han sobrevolado de nuevo la comarca del Ripollés, he sentido deseos de acudir a la embajada más próxima con el fin de solicitar asilo político. No obstante, mis contactos en las Fuerzas Armadas me han tranquilizado. Esos aviones realizan prácticas de vuelo sobre el Mediterráneo, y su base se ubica en la provincia de Zaragoza.

Zaragoza, y ello habrían de saberlo los señores Romeva, Badia, Tremosa y Miranda, no tiene costa. Para alcanzarla es menester sobrevolar Cataluña, y aquí se ha armado el lío. Volaban a regular altura y los habitantes de la comarca se han llevado un susto de los gordos. Pero las explicaciones no me han satisfecho del todo. Y cuando, después de ser testigo del semblante serio del teniente del Ejército, he dirigido mis pasos al Cuartel General de la Armada, he presenciando un hecho insólito. Un amable ciudadano de a pie ha intentado aparcar ante la puerta del Museo Naval, ¡y un guardia uniformado de Infante de Marina se lo ha prohibido! Indignante, estimada señora Reding.

Los culpables de esta situación de amenaza son un político y dos coroneles retirados. El político es una persona de bien, educada y culta, y más catalán que la sardana. No le explico, señora, en qué consiste la sardana para que no se duerma al leer mi escrito. Y los coroneles retirados tienen en España, como escribe García Abadillo, la misma influencia aquí que en el Pentágono, lo cual disminuye en gran medida el peligro de la amenaza.

De vuelta a mi casa, nuevamente un episodio de alta tensión. En un concesionario de automóviles, un capitán de la Legión discutía con su mujer por un coche. —No tenemos dinero para comprarlo—, le dijo él a ella de manera brusca. Y ella, cariacontecida, le respondió: —Lo comprendo perfectamente—. Ese machismo militar es absolutamente intolerable en la Europa de hoy. Todavía tiemblo, señora Reding, recordando el desagradable desenlace de la referida contingencia.

Cataluña es España, como las Vascongadas y como Galicia, pero eso no reduce el derecho que tenemos para que no nos asusten. Los episodios del sargento desayunando, del teniente malhumorado, del Infante de Marina obligando a un pacífico ciudadano a retirar su coche y del legionario advirtiendo a su mujer que, de acuerdo con su sueldo, no podía comprarle ese Seat de gama baja, me han producido hondo quebranto. Nos van a invadir, señora, y usted y yo, con estos pelos.

El chupete

28 de octubre de 2012

Creo que el perfil bajo, la casi ignorancia, el pasotismo que ha adoptado Rajoy ante los histerismos independentistas de Mas, han causado un gran efecto de humillación en Artur el Pilós. Se cuenta de Sir Andrew Finch-Grover. Era Sir Andrew un potentado. Matrimonió con una jovencísima belleza. Ésta se lió con un apuesto corredor de seguros, tan guapo como mal educado. De hecho, el asegurador vivía del dinero que le daba su amante, el cual provenía íntegramente de la cuenta corriente de Sir Andrew. El hombre se había metido en gastos superiores a sus posibilidades y tuvo que aceptar su condición de chulo. Sir Andrew era hombre de muy limitadas pasiones y toleraba el lío de su mujer porque nada le aburría más que una discusión. Y una tarde, el chulo se presentó ante el noble patricio cornudo. «Su mujer no me da el dinero que necesito, y como comprenderá, no estoy dispuesto a seguir con ella en esas condiciones.» Sir Andrew extendió un generoso cheque al chulo, porque sabía que sin el chulo su esposa se pondría insoportable. Narra el episodio Salomón Cartwrigth, en su breve novela titulada «Cuando ella emputeció». Tengo para mí que Rajoy se está comportando con Mas como Sir Andrew con el chulo, pero con mayor afecto, si ello es posible. «Presidente, que Mas va a hacer unas declaraciones durísimas»; «de acuerdo, que las haga y después que le den el chupete». Y eso resulta desconsolador para quien se cree el centro del problema y el adalid de la provocación.

Ante un reto tan grave como la deriva independentista elegida por Mas, el Presidente del Gobierno de España tiene dos opciones de reacción. Enfrentarse con dureza a quien ha iniciado tan peligroso e ilegal camino, o hacerse el sueco. Oficialmente, como Rajoy afirma, nadie le ha hablado hasta la fecha ni de consultas ni de refrendos al margen de las leyes, y por ello, todo lo que dice Mas le llega a través de los medios de comunicación. No hay motivos suficientes para responder con contundencia a una actitud que todavía no ha superado el primer andamio del aire. Entre tormenta y calma, Rajoy es más partidario de la segunda. Y nada desasosiega más a un personaje tormentoso que cerciorarse del pobre efecto que causan sus rayos, sus relámpagos y sus lluvias torrenciales. Se quiebra el cielo en Cataluña con una tormenta espectacular, y Rajoy la recibe tomando el sol, fumándose un puro y llamando al perro para darle una galletita. Muy lacerante para quien provoca. Recuerdo una anécdota de Antonio Ozores fronteriza con la genialidad. Antonio se había enamorado de una guapísima bailarina, que era a su vez la prometida de un campeón de halterofilia. Paseaban por la Gran Vía cuando ella, asustada, le comentó a Antonio: «Ahí está mi novio. Y es capaz de matarnos a los dos.» En efecto, ahí estaba el novio, con todos los músculos preparados para hacer papilla a la feliz pareja. Afortunadamente no llegó la sangre al río. Antonio le saludó cordialmente y el halterofílico empitonado se limitó a insultar a la pobre chica. «Eres una zorra, y una desleal, y una»... Fue cuando Antonio Ozores adoptó una racial compostura: «No tolero que se trate tan groseramente a una mujer delante de mí. Así que me voy.» Y se fue. El fortachón quedó mudo, perplejo y sin capacidad de reacción. Como Mas, más o menos.

Cuando el Presidente de la Generalidad de Cataluña se atreva a llevar a cabo lo que promete, incumplirá con las leyes y con la Constitución, y Rajoy tendrá margen de maniobra para responderle adecuadamente, como es de esperar.

Pero mientras sólo se divierta soltando gansadas mientras cena con el conde de Godó, lo más adecuado es la respuesta del escaso aprecio, de la consoladora distancia. Ello enfurece sobremanera al faltón, porque una buena parte del personal se ríe a sus espaldas. La táctica de Sir Andrew nunca falla. «Presidente, que ha dicho Mas que Oriol Pujol le ha ordenado que en el año 2014 convoque el referéndum. Y otra galletita para el perro.» «Muy bien, me parece muy bien. Que le den el chupete.»

Y en ésas estamos por ahora.

No se asusten, please

31 de octubre de 2012

Para Raúl Romeva —escribo en español y un corrector del periódico me puso «Raül»—, para María Badia, para Ramón Tremosa y para Ana Miranda, aunque esta última vive en Galicia. Los lectores no habrán olvidado su bizarría. Son los que escribieron a la señora Reding por lo de los aviones. Los del susto y el agobio. La señora Reding no les ha contestado, pero aprovechando que el Llobregat pasa por el Prat ha confirmado que la Unión Europea no aceptaría a Cataluña en su seno separada de España. Pero no es eso lo que me preocupa en estos momentos.

No me gusta asustar a mis semejantes. Sufro con el pavor ajeno. De ahí que me disponga a escribir a los tres asustadizos residentes en Cataluña para evitar que, por un malentendido, puedan ingresar en un hospital como consecuencia de un inoportuno episodio vascular. Bueno, allá voy. Soy un enamorado de la naturaleza, que en su tierra es bellísima y generosa. Y me gusta acompañar a mis amigos cazadores, porque creo que la caza deportiva y limpia es un ejercicio recomendable y benéfico. Un viejo amigo de Barcelona me ha invitado a disfrutar con él de dos días de campo abierto. Y he aceptado. Se trata de un viejo montero muy meticuloso que acostumbra a llevar dos armas. De ahí que me haya invitado tan caritativamente. Él lleva un arma y yo cargo con la otra por si considera necesario su uso.

No soy de los que creen que para ir al campo hay que vestirse de verde. Sombrero verde, jersey verde, camisa verde, pantalones verdes y botas verdes. Los animales saben distinguir perfectamente entre un matorral y un tío vestido de verde. Pero en esta ocasión, por motivos que responden a la casualidad, en mi maleta abunda la ropa verde. Y para cubrirme, he elegido la boina que me entregaron en Alcalá de Henares, en compañía de Antonio Mingote y ante el Rey, cuando nos nombraron a Antonio y a mí «caballeros paracaidistas almogávares de honor». Se trata de la típica boina de paracaidista y es de color negro. Comodísima para cubrirse en la soledad de los espacios abiertos.

Voy a ir, por lo tanto, por tierras de Cataluña, vestido bastante de verde, con una boina de paracaidista y con un arma —enfundada, por supuesto—, colgada del hombro. Si los señores Tremosa y Romeva y la señorita Badia, por un casual, coinciden con nosotros en aquellos parajes no tienen que asustarse. No corran. No pidan socorro ni se lancen por los precipicios y barrancos para ponerse a salvo. Y menos aún, por favor, no escriban a la señora Reding informándole de que la Brigada Paracaidista se ha presentado en Cataluña para caer sobre los independentistas pacíficos y amantes del senderismo. Seremos solamente dos personas las invasoras, y una de ellas es catalán por los cuatro costados. Las armas tienen como objeto usar de ellas si se presenta una res. Mi compañero tiene en su poder toda la documentación en regla, y mi presencia se limita a ejercer con sobriedad mi labor de acompañante y cargador de fardos. La mochila que colgará de mi espalda no llevará ni un paracaídas recogido ni bombas de mano. Portará algún embutido para comer y unas botellas de vino para alegrar el día. Como ahora se ha puesto de moda en perjuicio del idioma español el uso del inglés en Cataluña, llevaré un cartel en la zona frontal de mi cansado cuerpo con la leyenda «No se asusten, please», síntesis de un correcto bilingüismo. Y si, por fas o por nefas, como consecuencia del susto, salen corriendo antes de leer el mensaje, no nos hacemos responsables de sus posibles fracturas, magulladuras, esguinces o torceduras de tobillo. Ánimo, serenidad, firmeza y no se asusten, please.

Más que Mas

3 de noviembre de 2012

Ignoro los enlaces que tiene la Generalidad de Cataluña en Rusia, pero visto el resultado de la visita de Mas a Moscú, me sobra el derecho a pensar que su capacidad de influencia en el Kremlin y las altas esferas de la política rusa es más escasa que la que podría tener, por poner un ejemplo de fácil comprensión, la Asociación de Taxidermistas de la Isla Conejera en el «Foreign Office». No le han conseguido ninguna entrevista importante para explicar lo fundamental que puede llegar a ser una Cataluña independiente para Rusia, y el diario más importante de Moscú se ha negado a mandarle un propio para hacerle una entrevista.

Hace pocos años un grupo de escritores, periodistas y maestros de la comunicación audiovisual fuimos invitados a Moscú. Presidía la delegación Marcelino Oreja Aguirre, el que fue en su día ministro de Asuntos Exteriores con la Unión de Centro Democrático. Recuerdo a Pepe Oneto, Antonio Burgos, Manu Leguineche, José María Carrascal e Iñaki Gabilondo, entre otros. Nos recibieron, y muy amablemente, todos los rusos posibles y probables. Desde Shevarnadze a Gorbachov, que nos había reservado en su agenda una audiencia de quince minutos y nos regaló más de dos horas de su tiempo. Lo hizo en el edificio, feísimo como casi todos los de Moscú, que Boris Yeltsin le había adjudicado a su Fundación Mijail Gorbachov, y que fue, durante los períodos siniestros de Brezhnev, Andropov y Chernenko, el que cobijaba a los terroristas internacionales para mejorar su aplicación y rendimientos. Por allí pasaron criminales de la ETA, del IRA, de las FARC y de los países árabes. Con Gorbachov en su sede, el edificio siguió siendo muy feo, pero mucho más digno.

Shevardnadze nos recibió en su casa. En su salón de reuniones tenía un busto de Kennedy. Manu Leguineche le preguntó si su futuro estaba en Rusia o en Georgia, y el georgiano respondió contundentemente que en Rusia. A la mañana siguiente, cuando despegábamos en un avión de la KLM del aeropuerto de Sheremetievo II, elevaba su morro en Sheremetievo I el «Tupolev» que llevaba a Shevardnadze hacia Tiflis, con el fin de preparar adecuadamente un golpe de Estado en Georgia. Shevardnadze tenía la melena blanca, hablaba con parsimonia, lucía en los puños de su camisa sus iniciales y su traje era un «Príncipe de Gales» londinense.

Gorbachov, el comunista pragmático, admirador del Papa Juan Pablo II y de Ronald Reagan —los que le hicieron ver la ineludible vía de la apertura, la «Perestroika»—, era un soviético con sonrisa de occidental. La URSS no sonreía bien, y Gorbachov lo hacía con soltura. Oír de aquel extraordinario personaje su descargo de conciencia supuso una experiencia inolvidable. Y nos recibió el Presidente de la Televisión Rusa, el director de *Pravda*, el Presidente de la recién creada Federación de Empresarios de Rusia, y no aceptamos más visitas porque perdíamos el avión. Llegué a la conclusión de que no había nada más fácil en el mundo que el ser recibido por una alta personalidad política o económica de Rusia. De ahí que me haya extrañado que a Artur Mas sólo le hayan prestado atención Oleg Shumarov, Dimitri Nikolaiev, Boris Tchapaiev e Irina Valkusova, es decir, el jefe de recepción del Hotel Metropol —muy bien ubicado, eso sí, junto a la Plaza Roja y el Teatro Bolshoi—, el camarero que lleva los desayunos a la «Suite» principal, el conductor del coche alquilado que habla un perfecto español y la jovencísima y bellísima pianista del bar del hotel, que está clausurada a todo tipo de pasión eventual por ser la amante del propietario del establecimiento, un uzbeko con muy malas intenciones.

Lo que demuestra que para Rusia fue mucho más importante nuestra visita que la de Artur Mas, que para demostrar en Barcelona que había estado en Moscú se vio obligado a adquirir en los puestos desmontables de la calle Arbat un par de matrioshkas de media gama como recuerdo de su importantísima visita. «Dozvidania, gaspod Arturov.» Es decir: «Adiós, señor Arturo.» O lo que es igual: «Que le den.»

Miss, Miss, Miss

6 de noviembre de 2012

Formé parte, en una ocasión, del jurado de «Miss España». Me pareció tremendo. Trata de blancas, mercado de carne. Sólo una anécdota divertida. Las pobres aspirantes, todas guapísimas, desfilaban en traje de baño ante el jurado en un salón del hotel. Lo hacían individualmente, una después de la otra. Tras la humillante muestra, se sentaban ante el ilustre jurado, y respondían a diversas preguntas. Una de las aspirantes informó que su gran afición era la pintura. Luis María Anson, presidente del jurado, cedió los trastos a Antonio Mingote, pues nadie como él para adentrarse en los espacios pictóricos de aquella artista en ciernes. —¿En qué pintor se inspira usted para sus creaciones?—, le preguntó Antonio. Y ella, muy segura y refitolera, respondió: —En Velázquez, pero yo pinto con muchísimos más colores—. Aquellas chicas querían ganar, pero ignoraban que su triunfo se habría de convertir en la esclavitud durante un año, el fin de la privacidad, la inmersión en las aguas turbias del famoseo, el desastre absoluto y la descomposición de la normalidad. Me causó extrañeza que muchas de ellas estuvieran allí apoyadas por sus padres, ingenuos soñadores de la fortuna como consecuencia del infortunio de sus hijas.

Me interesa tan poco esto de «Miss España» que ignoro si aún se celebra el concurso. No obstante, me he enterado de que en Cataluña han encontrado una nueva vía para la independencia con la organización de «Miss Nació Catalana 2012». La gloria ha caído sobre la corona de Jéssica Oliveras, que venció en la final a cinco compañeras esteladas, entre ellas a «Miss Baix Camp», que es rumana, y «Miss Bages», nacida en Eslovenia. Jéssica Oliveras ha sabido ser profeta en su tierra, puesto que su inenarrable victoria tuvo lugar en su localidad natal, «Sant Joan de les Fonts», allá en Gerona, y ante 300 entusiasmados vecinos. La firma textil «Punto Blanco» promocionó el brillante certamen.

La nueva «Miss Nació Catalana» sonreía con elegante naturalidad, pero una nube sombreaba la belleza de su mirada. «No pude asistir a la manifestación independentista, pero me habría gustado.» Esta mujer se merece la Gran Cruz de Sant Jordi por diferentes méritos. Consiguió en «Sant Joan de les Fonts» (probablemente San Juan de las Fuentes), lo que no pudo alcanzar Artur Mas en Moscú. El éxito. No es fácil triunfar en las localidades pequeñas. En Rusia hay mucha gente para solicitarle un aplauso, pero en «Sant Joan de les Fonts» tan sólo había 300 personas, y algunas de ellas, con toda probabilidad, partidarias de las chicas rumana y eslovena. Cataluña, a partir de ahora, estará representada por su sonrisa angelical y no por el burro, a pesar de que la cantante Lloll Beltrán interpretara una sutilísima y bella canción que puso a todos los presentes los pelos como escarpias y de cuyo texto destaco el siguiente mensaje: «Llevo el burro, y si voy a Extremadura o Salamanca, sabrán que soy catalana. Independencia. Vaya gol, el burro catalán.» Quizás haya sido esa la causa de que no le hayan reconocido a Mas en Moscú. Iba sin burro.

Le deseo a «Miss Nació Catalana» el éxito que su prestigio intelectual merece. Tendría, eso sí, que ser algo más cuidadosa con la agenda. No todos los días hay manifestaciones independentistas, y entre «Sant Joan de les Fonts» y Barcelona no media largo trecho. A la próxima está obligada a asistir, con burro o sin burro, que con la independencia de Cataluña no se juega.

El soldado

8 de noviembre de 2012

Renuncio a escribir a la vicepresidenta de la UE como hicieron los tres soliviantados nacionalistas por el vuelo de unos aviones del Ejército del Aire sobre la comarca del Ripollés. Prefiero enfrentarme al peligro directamente, en la soledad más absoluta. El robusto cantautor valenciano afincado en Cataluña, Paco Ibáñez, se ha ofrecido a Artur Mas para luchar como el primer soldado de Cataluña contra los chulos españoles. La cosa tiene miga, peligro y honda trascendencia.

Hace unos años me demandó. Había manifestado que todos los donostiarras que asistieron a una concentración a favor de las víctimas del terrorismo eran «txakurras», es decir, unos perros. Perdió la demanda. A mi modesto entender creo que le molestó que escribiera que desafina bastante cuando canta —también lo hacía el gran Atahualpa Yupanqui y no se querelló conmigo—, y que su disco prohibidísimo en el franquismo, «Paco Ibáñez en el Olympia», se exhibía en los escaparates de las tiendas de música de Madrid. Yo lo compré —no me lo agradeció—, en el establecimiento «Feryn», sito en la calle de Serrano entre las de Juan Bravo y Maldonado. Un disco aceptable en el que Ibáñez canta poemas de Neruda, Alberti, Goytisolo y Celaya, entre otros.

Cuando fui preguntado por Su Señoría si yo sentía alguna animadversión hacia Ibáñez, le respondí que me sabía sus canciones de memoria, y que esa prueba eliminaba cualquier atisbo de desafecto. Pero Ibáñez no me tiene simpatía alguna, y después de haber anunciado que se ofrece a luchar como el primer soldado a favor de la Cataluña independiente contra los chulos españoles, estoy, y ustedes lo entenderán perfectamente, con la valvulina floja y estercolado de pavor.

No obstante, el valor personal no es otra cosa que la superación del miedo. Y en el caso que nos ocupa creo tenerlo más acreditado que el de los tres independentistas que se asustan con los aviones del Ejército del Aire. Estoy preparado para vivir la tensión del momento. Si en los próximos días distingo a un soldado con casco y mochila que se encamina hacia mi —todavía— aceptable cuerpo, sabré que se trata del primer soldado de Mas cumpliendo su invasión de Madrid, y que el principal objetivo de la operación «Contra los Chulos de España», seré yo. Porque el soldado Ibáñez no está de buen humor. «Cataluña es un pueblo que vive y deja vivir, a ver si lo entienden de una vez todos aquellos cretinos.» Es decir, primero nos llama «chulos» y después, «cretinos». Y finaliza su ofrecimiento militar con una heroica arenga: «Así, que aquí tienen un soldado para lo que quieran los catalanes ¡me cago en Dios!» Tengo entendido que Artur Mas es creyente y muy cercano a una poderosa organización religiosa, de ahí que haga bien en recomendarle al soldado Ibáñez que modere sus expresiones. Si el Ejército de Cataluña tiene sólo un soldado y lo arresta por blasfemo su superioridad, la cosa carece completamente de fundamento. Nos salva a los chulos y cretinos españoles un detalle que no me pasó desapercibido años atrás. El soldado Ibáñez no presenta una gran condición física. Puede engañar la apariencia, pero no lo me lo figuro invadiendo Madrid, que es bastante grande. Y es lógico, por cuanto es bastante mayor que quien escribe, y quien escribe no está para muchos trotes, que los años pasan y pesan para todos. Así que, de momento, estoy en condiciones de mostrarme optimista. O el soldado Ibáñez se zurra en un gimnasio convenientemente, o acabará siendo derrotado por él mismo. Siempre a sus órdenes.

La suerte del Rey

13 de noviembre de 2012

El Rey ha sido objeto durante los últimos meses de toda suerte de críticas y desafectos. Todo empezó con un elefante y una fractura ósea. Al abandonar el hospital, El Rey se disculpó, y lo hizo sinceramente. Es decir, que el Rey llevó a cabo un ejercicio de autocrítica que no ha tenido lugar, por parte de político alguno, en los últimos cincuenta años en España. Aun así, le siguieron dando palos, que estaba callado, que hablaba, que iba o venía, que no iba ni venía, y así hasta la saciedad. En condiciones físicas nada recomendables ha recorrido el mundo con importantes empresarios abriendo puertas y los resultados están ahí. No obstante, el feísimo asunto de su yerno deportista ha caído sobre el Rey como una losa, y muchos han intentado involucrarlo en irregularidades ajenas.

Defender la figura del Rey se ha convertido en una especie de delito no contemplado en el Código Penal. El que lo hace es un cortesano, un facha o un cavernícola. Creo coincidir con muchísimos españoles en que Don Juan Carlos ha sido uno de los más grandes y benéficos reyes de la Historia de España. Sir Winston Churchill, en su libro «Grandes Contemporáneos», y refiriéndose a don Alfonso XIII escribe que ser Rey de España es de las cosas más difíciles del mundo, porque equivale a ser el Rey de una nación con treinta millones de reyes. Nada tengo de emoción monárquica en mi defensa de La Corona. Puro y simple pragmatismo. La Corona representa la unión de los territorios de España, y su ausencia da lugar —la Primera y Segunda República lo atestiguan—, a la descomposición inmediata de su unidad. De ahí que agradezca sobremanera que uno de los más entusiastas políticos independentistas catalanes, Oriol Pujol, se haya sumado a la defensa del Rey. Se le ha ido la olla y ha demostrado ser mucho más español y monárquico que el conde de Godó.

Oriol Pujol, miembro de una poderosa y millonaria familia catalana que no era poderosa ni millonaria dos décadas atrás, ejerce en el Gobierno de la Generalidad de Cataluña el cargo de «Mosca Cojonera» de Mas. En primavera, cuando las moscas cojoneras abundan en las sierras, los cérvidos y caprínidos lo pasan fatal. Y se encabritan. Para mí que Oriol se ha adelantado a la primavera y tiene a Mas encabritado con sus constantes, hirientes y persistentes picaduras.

Y lo ha dicho: «El problema —habrá pronunciado "poblema"— para negociar es tener enfrente al Rey y no al Príncipe.» En lo que respecta al Príncipe, Oriol ha sido aventurado en su osadía, dando a entender que el Príncipe puede negociar lo que no le corresponde y que jamás se prestaría a ello. Lo que ha querido decir Pujol es que, con el Rey enfrente, la independencia de Cataluña —el «poblema»—, es prácticamente de imposible solución. Y lo que ha dicho en fase enloquecida de crítica envenenada, se ha convertido en un apasionado elogio de la persona del Rey, que efectivamente, no va a negociar ni la independencia de Cataluña ni la fusión de Alcobendas con San Sebastián de los Reyes, que ese sí que es un «poblema».

Oriol Pujol nos ha recordado a los españoles que el Rey es el garante de nuestra Constitución, aprobada en su día por el 93% de los ciudadanos censados en Cataluña. Oriol Pujol nos ha recordado que el Rey no va a aceptar ningún proceso de secesión en el Reino, y de paso —que no se asusten los de los aviones—, Pujol nos ha recordado que el Rey es el Capitán General de las Fuerzas Armadas.

Hay que hacerlo marqués, para que sea más que Godó.

Rahola y el gato

19 de noviembre de 2012

Soy canófilo y felinófobo. Recelo de los gatos. Cuando conocí, años atrás en una «Tertulia» de Luis del Olmo a Pilar Rahola, supe desde el primer momento que vivía con un gato. Este detalle es el único que seriamente me distancia de mi compadre sevillano, el gran barroco Antonio Burgos. Los gatos procuran confusiones. El epigrama del siglo XIX: «Una gata encantadora / tengo, van a verla ahora, / es una cosa divina. / ¡Pepe, saca la minina / que la vea esta señora!»

Desagradable situación. Era tan celoso el gato de la duquesa de Fabian-Mouchot, que arañó con saña los ojos de su amante —el de la duquesa, no el del gato—, Laurence Pipet, el hijo de su jardinero. Pero aquello sucedió hace más de dos siglos, y a mí lo que me importa es lo que sucede en la actualidad. No lo puedo remediar. Enciendo el aparato de la televisión, aparece Pilar Rahola, y toda mi casa huele a gato. Es inevitable. He adquirido un chisme que actúa de pulverizador, como el de los cines, pero se trata de un chisme inútil. Cambio de canal, y el tufo a gato se alivia. Tuve una novia en mi juventud que era un ser esplendoroso. Superé que «pillaba taxis» y «pillaba resfriados», pero no lo que me confesó pocos minutos antes de subirse al tren que le llevaba a su casa, en Cáceres. «Lo primero que voy a hacer al llegar a mi casa, es abrazarme a mi gato.» Le pedí el rosario de mi madre y se quedó con todo lo demás. Admito a los gatos callejeros, mucho más inteligentes, pero abomino del felino de salón, del mismo modo que me emociona la mar y sus habitantes, y no puedo reaccionar ante el espanto que me produce una pecera. He renunciado a más de una amistad provechosa después de conocer que poseían peceras con ciprinos dorados de la China, el pez más cursi que ofrece la naturaleza. Tengo para mí que es bastante probable que Pilar Rahola, además de gato tenga una pecera con algún «ciprí», que así se tiene que decir en catalán. «Pilar, que me pregunta Mas si vas a asistir a su mitin en Hospitalet para que te reserve un sitio en primera fila»; «No, no puedo ir, porque estoy muy preocupada con el "ciprí" que está "desescamat"».

Y falta el loro. Una casa seria no puede tener un loro, cotorra o papagayo. Maravilloso verlos en libertad. En mi primer viaje al Amazonas, con Miguel de la Quadra-Salcedo, tuve la suerte de ver, mejor admirar, a un grupo de guacamayos volando hacia la selva. Pero ese loro malhumorado, prisionero a cambio de frutas y pipas, carece de sentido en los interiores hogareños. No lo puedo asegurar, porque jamás he estado —y no pienso cambiar de actitud—, en la casa de Pilar Rahola, pero mucho me temo que también tiene un loro. Gato, ciprino dorado de la China y papagayo amazónico. Y el gato, con alto porcentaje de acierto, de angora, así blanco y pelusón, distante y enfadado con el mundo, intratable, maníaco y un tanto sádico.

La verdad es que en esta mañana de domingo mi intención era escribirles un artículo de mucha trascendencia y hondura. Pero he encendido la televisión y ha aparecido Pilar Rahola. Mi casa se ha puesto a oler a gato. He ventilado y cambiado de canal. Y desde ahí, en continuo descenso. Me he figurado a Pilar Rahola dando de comer a su ciprino dorado de la China, que puede ser que no lo tenga, y del ciprino he pasado al papagayo, del que carezco de noticias acerca de su existencia, pero la vida de un escritor se sostiene en la lectura, la observación y la intuición, y presiento que no yerro en mis figuraciones.

Todavía huele un poco a gato cuando doy por terminado mi artículo.

Todos independientes

24 de noviembre de 2012

Lo escribí años atrás. En España todos somos independientes de algo. El Escorial es independiente de San Lorenzo; Alcobendas de San Sebastián de los Reyes, y Elda de Petrel. Viajaba con Antonio Mingote hacia Villafranca del Bierzo, convocados por Luis del Olmo para hacer su programa de radio «Protagonistas» en un precioso teatro de esa ciudad berciana. Pinares de Ávila y Valladolid. Una casa derruida y una pintada: «Castilla independiente.» —Atento, Antonio, Castilla se quiere independizar—; —pues muy bien—.

Ya en la provincia de León, otras pintadas con el mismo mensaje: «León, independiente de Castilla.» Por lo menos, los independentistas leoneses sabían de quién deseaban independizarse. De Castilla, así de golpe y porrazo. Ponferrada superada, un gran cartel en la carretera: «El Bierzo, independiente de León.» La cosa se complicaba. A pocos kilómetros de Villafranca, una última llamada a la locura: «Villafranca, independiente del Bierzo.» Y Antonio Mingote, con la mente en blanco, se preguntó en voz alta: —¿Cómo va a ser Villafranca independiente del Bierzo si se llama Villafranca del Bierzo?—.

Algo no funciona bien en España con tantas independencias frustradas. La idea de reducir los municipios creando grandes comunidades puede llevarnos a una situación de incendio social devastador. Me contaban unos amigos de El Escorial, que todavía no está bien visto que una chica de San

Lorenzo sea sorprendida con un chico de El Escorial. Vuelan tortas. La mayor parte del Monasterio pertenece a San Lorenzo, pero hay muros y jardines que forman parte del municipio de El Escorial, y nadie quiere dar su brazo a torcer. San Sebastián de los Reyes y Alcobendas son ya dos grandes ciudades unidas. En una cafetería de la primera se oyó el comentario estremecedor de un parroquiano. «Prefiero que mi hija se case con un australiano que con uno de Alcobendas. Son muy malos.» Y si un vecino de Elda fallece y la puerta principal de su casa pertenece a Petrel, sacan su féretro por una ventana para que el ataúd no pase por la hermanísima villa rival. Un español que no quiera ser independiente de su vecino inmediato, es un español rarísimo. De ahí que por mucho que les moleste, los nacionalistas vascos y catalanes sean unos españolazos de aúpa. Estamos en el País Vasco. Sabino Arana, fundador por inspiración de su hermano menor Luis del PNV, fue el gran separador de las provincias vascongadas. Para él, lo importante era la independencia de «Bizkaia». Guipúzcoa se la traía floja —la verdad es que en eso de la flojera destacó bastante, y de ahí su viaje de novios a Lourdes para pedir el milagro del encabritamiento de su bálano— y Álava era víctima de su tenaz desprecio. «Los alaveses, en el fondo, son como los burgaleses», y de paso le arreaba su desafecto a la vecina Castilla, que esa sí que es histórica. Ese segundo grado en el vasquismo es el que ha llevado a Vitoria a ser la capital de la comunidad. Un guipuzcoano jamás habría admitido que la capital fuera Bilbao, ni un vizcaíno que la capital fuera San Sebastián. Vitoria era la solución y la excusa, y de esa manera conseguían aliviar la humillación tantos años experimentada por los alaveses. Y Cataluña, la españolaza Cataluña, tiene problemas. Los primeros en marcharse si algún día Cataluña es independiente serán los araneses, que se llevan mucho mejor con los madrileños que con los barceloneses. En Andalucía, la gresca entre Sevilla y Málaga se agria año tras año, y en Galicia los ha salvado El Santo. La Coruña no admitía a Vigo, Vigo no toleraba a La Coruña, y en Pontevedra no entendían nada. Santiago de Compostela, del Campo de las Estrellas, fue una magnífica solución. Cuanto más independentista, más español. Molesto, lo sé, pero qué quieren que les diga.

Vasallos

25 de noviembre de 2012

Esperaba mayor protagonismo de Oriol Pujol en el mitin de cierre de campaña de CiU. Repaso la fotografía general de los dirigentes mientras cantan «Els Segadors», y el nene no aparece. Papá sí, que es más bajito, surge entre Mas y Duran Lleida, que algún día nos tendrá que explicar Duran Lleida en dónde está y a qué se dedica. Como en todos los mítines, y el de CiU no iba a ser una excepción, se dijeron muchas gansadas. Eso sí, gansadas patrióticas que emocionaron en grado sumo al público asistente, poco crítico según intuyo.

Mas, que está a un paso de que le adapten una camisa de fuerza, se definió a sí mismo como «el constructor de la libertad de Cataluña». Siendo el constructor ya sabemos a quién tiene la libertad de Cataluña que entregar el tres por ciento de su futura ruina. Pero lo de Oriol Pujol me desorienta. La verdad es que me desorienta toda la familia Pujol, con sus dineros entre montañas y sus inversiones lejanas en México y Argentina. Analizando al revés que los análisis vulgares, se puede afirmar que un nacionalista que invierte fuera de la aldea hace patria. Se da a conocer. Colabora en la expansión del dinero y crea riqueza entre los necesitados de allende las fronteras y allendísimo los mares. De Oriol Pujol, más modesto, sólo se sabe que anda entre talleres de la ITV, poca cosa, y probablemente de ahí venga su ocultamiento de fin de campaña. Se echó de menos al conde de Godó, que debe de estar preparando su campeonato de tenis, ya con

Cataluña independizada de España. Godó vive para su torneo tenístico, y es un detalle muy de agradecer.

Momento culminante del mitin clausural. Mas se enfarruca, crece, levita, se emociona y suelta la frase inmortal: «No somos vasallos.» Ovación atronadora. Lágrimas a punto de cauce y sollozos contenidos. Con un dominio espectacular de la escena, Mas repite de nuevo su mensaje reivindicativo, digno, rotundo. «No somos vasallos.» Y el desmadre colectivo, el despiporre general.

Ignoraba que los nacionalistas catalanes se consideraran vasallos. ¿De quién? Repaso la Constitución y advierto que los catalanes, nacionalistas o no, son unos más de los sujetos constituyentes, como los castellanos, los vascos, los gallegos y los soldados que conforman la dotación de guardia de las islas Chafarinas. No advierto vasallaje por ninguna parte, pero es sabido que una falsedad pronunciada desde la emoción es siempre productiva y se convierte en verdad histórica. Merece la pena que sea recordado el último grito, previo a su suicidio, de un huevero de Baracaldo. Padecía de desajustes mentales, y con anterioridad a lanzarse al vacío gritó: «¡Mi padre, en realidad, se llama Ernesto!» Su padre siempre, desde que fue bautizado, se llamó Arturo, pero a partir de aquel día y el luctuoso suceso, todos sus vecinos le llamaban Ernesto, y él intentaba explicar que aquello no respondía a la realidad, que su hijo tenía ese tipo de ocurrencias, pero nada. Y cuando acudió a renovarse el carné de identidad, le quitaron el Arturo y le pusieron el Ernesto, y como Ernesto falleció al cabo de los años en olor de bastante santidad.

Es decir, que la contundente sentencia de Artur Mas «no somos vasallos» ha calado también en mi ánimo con hondura. El nacionalismo catalán me lleva adiestrando de un tiempo a esta parte y trastocando mis criterios y escasa sabiduría. Tienen razón cuando afirman que Colón era catalán y no desatinan cuando aseguran que la jota aragonesa tiene su origen en una chica que bailaba la sardana y le entró un pipirleque nervioso. Me considero, y así colaboro con el mensaje del mitin, que los catalanes no son vasallos de nadie. Mejor dicho, los nacionalistas catalanes nunca han sido vasallos. Lo triste es que jamás han sido señores, porque el señorío demanda, como poco, el sentido de la verdad, de la decencia y de la lealtad. Ni vasallos ni señores, y todo queda en un término medio más que aceptable. Y de Oriol Pujol, sinceramente, ni idea.

Cotorras

26 de noviembre de 2012

Los cielos de Madrid han sido invadidos por la cotorra argentina. No voy a caer en el fácil juego de las comparaciones estableciendo similitudes entre la cotorra argentina y la Presidenta Fernández. Sería, por mi parte, una falta de respeto y un abuso de confianza de complicada amnistía. La cotorra verde argentina es dura y resistente, se adapta con facilidad, se reproduce con generosidad pasmosa y construye unos enormes nidos que impiden a los madrileños y visitantes el sosiego en los paseos. Un nido de cotorra argentina desprendido de sus anclajes arbóreos puede abrirle la cabeza a cualquiera que pase por ahí.

Escribía días pasados de los gatos, los ciprinos y los lóridos. Esta invasión proviene del hastío de muchos madrileños que compraron en su día cotorras argentinas en una pajarería, y hartos del constante ruido que son capaces de producir, abrieron las jaulas concediéndoles la libertad. Donde antaño anidaban gorriones, reyezuelos, verderones, herrerillos y petirrojos, hogaño lo hacen cotorras, que nada tienen que ver con la acuarela natural de nuestro paisaje. He leído que la Comunidad de Madrid, en lugares cerrados y seguros, permite el uso de armas de fuego para rebajar su censo, que es elevadísimo de acuerdo al estudio y seguimiento de la Sociedad Española de Ornitología. No soy nadie para recomendar acciones contra las cotorras, pero mucho más eficaz que combatirlas una por una sería derribar sus enormes nidos, que son inconfundibles. En primavera, su plumaje se abrillanta y excede de tonalidades educadas, y entonces se quiebra la Poesía. Don Gustavo Adolfo humillado. «Volverán las cotorras argentinas / de tu balcón, los nidos a colgar»... Un desconcierto. La voluntad es débil. Estaba dispuesto a llevar a cabo hasta el final el esfuerzo de no caer en las comparaciones. España se está jugando su futuro y aquí me tienen escribiendo de cotorras argentinas. También han invadido Las Ramblas barcelonesas, y ahí con mejor criterio. El Mediterráneo, las palmeras y los mares cobaltos. Allí, en la prodigiosa Cataluña que nos quieren arrebatar al resto de los españoles, las cotorras no sólo han anidado y crecido en número alarmante, sino que han contagiado su manera de ser. Llevamos meses de guirigay permanente, continuo y creciente. Nos han invadido de verdad. Y con la falta de educación que caracteriza a tan impertinente especie, llevan semanas insultando a todos los que no compartan su manera de pensar. La cotorra es hábil. Está en su árbol. Pasa un transeúnte distraído, y la cotorra se estercola sobre su cabeza. Entonces el transeúnte o viandante protesta mesuradamente y la cotorra se pone a llorar. «Todos los paseantes son anticotorras, y nos odian a las cotorras. Los paseantes "ens" roban.» Entonces decenas de miles de cotorras, ya no se sabe si argentinas, autóctonas, emigrantes, puras o charnegas, se escudan en el falso e inventado anticotorrismo y se convencen a sí mismas que estercolarse en las cabezas de los que pasean bajo sus árboles es un ejercicio democrático de libertad y de independencia, cuando en realidad no es más que una supina grosería. Es cuando se inventan que los viandantes «ens roban», y montan el espectáculo.

 Como español, como viandante enamorado de Barcelona y sus calles, de Cataluña y sus paisajes, acepto la descortesía y la ordinariez del excremento cotorril dirigido a mi cabeza. Pero no tolero que me digan que soy anticotorra ni anticatalán. Compartimos el mismo problema, pero no el veneno de los nidos, las casas, que es donde crecen los odios. Por ellas y por su bien aceptaríamos hasta la agresión, siempre que después de picotearnos no sollozaran en plan de agredidas. Me he hecho un lío con las cotorras, lo reconozco.

¿U?

27 de noviembre de 2012

Mas ha sido humillantemente derrotado. El independentismo, no. De cualquier manera, aquí no sirven las sumas simples. CiU no puede gobernar con la Izquierda Republicana por dos motivos. El primero, porque se muerden entre ellos. El segundo, porque nadie sabe lo que va a hacer Unión Democrática de Cataluña después del rapapolvo al socio principal. CiU está compuesto por un 75% de C y un 25% de U. Duran Lleida ha nadado entre dos aguas durante la campaña electoral, pero su carita en el balcón del Hotel Majestic lo decía todo. A Mas le van a crecer los enanos en su propio partido, y no voy con ironías ni segundas intenciones. Convergencia representa a la rancia derecha catalanista, y la Izquierda Republicana al catalanismo marxista, por no escribir que leninista. Esa boda no tiene ni el primer polvete. Mas pidió el voto prestado para alcanzar la mayoría absoluta, y la respuesta ha sido apabullantemente negativa. En mi opinión, Mas ha sido despedido y muy pronto pedirá la liquidación para irse a casa. No creo que Oriol Pujol piense en la herencia. Me refiero a la herencia política, no a la económica que le dejarán sus padres cuando Dios lo disponga. El enigma está en U, pero el dirigente de U no gusta a la mayoría de los militantes de C, y dudo mucho en que confíen a Duran Lleida el futuro de la coalición, si es que la coalición permanece. Estas elecciones no buscaban sumas y análisis. Se convocaron con el solo objetivo de que CiU alcanzara la mayoría absoluta. De ahí que el calificativo de fracaso sea ajustado y medido. Ahora habrá que encontrar al hombre que sepa administrar el más que notable apoyo que la derecha catalanista tiene. No podrá pertenecer al clan de los Pujol, y menos aún al de Mas y compañía —el mismo clan, por otra parte—, de tal modo que habrá que buscarlo en los aledaños del Poder, que son más poderosos en ocasiones que el Poder mismo. Y creo que he encontrado al hombre y al nombre. Al hombre, al nombre y al título. El conde de Godó.

Godó, que se lo ha encontrado todo hecho en la vida sin tener que dar un palo al agua, puede pasar a la Historia como el primer Grande de España que lleva a Cataluña a su ruptura con España. La labor que, a tal efecto, ha desarrollado su periódico *La Vanguardia*, puede calificarse de excepcional. Tiene, además, su torneo de tenis, que aporta a su biografía una trascendencia deportiva internacional muy a tener en cuenta. Adolfo Suárez instituyó un campeonato de mus en Cebreros, Felipe González un certamen de bonsáis en los jardines de La Moncloa, José María Aznar un torneo de dominó en Quintanilla de Onésimo, y Zapatero juega a los chinos divinamente. Ahí Godó los apabulla. Y además es conde. Su abuelo recibió el título de Alfonso XIII. Franco trató con enorme cariño a su padre, que le devolvió lealtades y cortesías. Y el Rey le concedió la gracia de la Grandeza de España, creyendo que la merecía. Con ese ropaje exterior de conde del reino y Grande de España, Godó ha puesto todo su poder de *La Vanguardia*, que en Cataluña es casi omnímodo, al servicio del independentismo. Y ese sacrificio, Cataluña lo tiene que premiar. Otra cosa es que la Diputación de la Grandeza y los Títulos del Reino le recrimine públicamente su deslealtad, pero no es de esperar semejante muestra de coherencia. El único problema de Godó es su falta de atractivo cuando se expresa en público. Un primer Presidente del Estado Independiente de Cataluña está obligado, entre otras cosas, a hablar bien y hacerlo correctamente en catalán, ese idioma que despreciaban sus antepasados porque sólo lo dominaba la clase baja. Pero hay tiempo para que lo aprenda. Después de lo de Mas, mucho tiempo. Descartada U y Duran Lleida, Godó es el hombre. Hoy me he levantado brillante.

La dimisión

2 de diciembre de 2012

Nos lo revela Toni Bolaño en *La Razón*. A la vista de los desastrosos resultados electorales de CiU, Artur Mas dimitió. No le aceptaron la dimisión y siguió en el cargo. Españolísima actitud la del dirigente secesionista catalán. Recuerdo la dimisión de Joaquín Almunia, cuando fue derrotado ampliamente por la candidatura de José María Aznar. Dimitió sin consultárselo a nadie. Y se fue. Sabía el significado de la dimisión.

El que dimite, lo hace voluntariamente, sin estar a expensas de los demás. El que dimite de verdad, se cesa a sí mismo, y no hay vuelta de hoja. El que dimite y espera la reacción de los suyos, no pasa del gesto teatral. Estrategia del tramposo. Antoni Asunción dimitió también. Y María San Gil, después de dejarse la piel por el Partido Popular en las Vascongadas, harta de artimañas y deslealtades, dimitió. No esperó a que Rajoy se pusiera en contacto con ella. «María, no te acepto la dimisión.» Nadie está capacitado ni autorizado para aceptar o no el abandono voluntario de una responsabilidad. Por otra parte, los que no aceptaron la dimisión de Mas fueron los subalternos de Mas, los que viven a costa de la confianza del presumiblemente dimitido. El cargo es el cargo y el euro es el euro, con «nació y Estat» o sin «nació ni Estat». La última, tajante e inesperada dimisión la protagonizó Esperanza Aguirre. Decidió, por las causas que fueran, que su dignidad le demandaba la dimisión, y se marchó a su casa. El gran maestro de las falsas dimisiones fue Julio Anguita. Lo hizo en una decena de ocasiones, pero nunca se las aceptaban.

Don Pedro Sainz Rodríguez, ministro de Educación del primer Gobierno de Franco, dimitió desde Portugal. Arrese lo hizo en España y le mandaron una pareja de la Guardia Civil. Siguió en su puesto hasta que el anterior Jefe del Estado consideró que había llegado el momento del cese. «En el camino de El Pardo / han levantado una ermita / con un letrero que dice: / "Maricón el que dimita."»

Nixon no dimitió. Lo echaron. En las esquinas de la Política, los más severos con las dimisiones son los orientales, especialmente los japoneses. Dimiten a lo bestia. Es decir, lo anuncian, lo cumplen y se suicidan. El parecido entre Mas y un japonés es pura coincidencia. No reclamo su suicidio, sino el cumplimiento de su abandono voluntario ante un resultado estremecedor para sus intereses y sus promesas. Después del chupachús, Clinton consultó con Hillary, su mujer, la conveniencia de su dimisión. Engañosa maniobra. Fue ella la que le dijo que tararí que te vi, y Clinton cumplió íntegramente su mandato. Un auténtico dimisionario no consulta con nadie su decisión. De Gaulle no necesitó más de un minuto para abandonar el Poder. «No se puede gobernar sosegadamente un país que tiene más de quinientas clases de quesos.»

Y los más divertidos en su ridículo respeto por el significado de la dimisión —más ridículo aún que en los políticos españoles—, son los italianos. Se leía en un gran titular. «Dimite el ministro Paolo Bassi como consecuencia del escándalo del Ministerio de Agricultura.» Y dos días más tarde: «Paolo Bassi, nuevo ministro de Industria.» Una dimisión discreta y calculada.

Se presentía que Durán Lleida no iba a mostrarse excesivamente amable y solidario con Mas después del fracaso. Se mantuvo en la coalición con Convergencia durante su frenética campaña independentista, y ahora dice que Unión Democrática de Cataluña no desea la independencia. Tampoco dimitirá, porque Durán, hombre muy inteligente, le ha tomado gusto a Madrid y al Congreso de los Diputados, con iPad o sin iPad, que ya se sabe como ruedan las cosas. En fin, que Mas dimitió y no le aceptaron la dimisión. Es decir, que hizo un paripé para quedar bien. Más que una dimisión, la de don Arturo fue una mentirosa chiquillada.

La monda lironda

3 de diciembre de 2012

He tenido la fortuna de cruzar por mar en dos ocasiones el Atlántico, siempre de la mano de Miguel de la Quadra-Salcedo, vasco de las Encartaciones y navarro profundo, como toda su familia. Su segundo apellido es Gayarre y es sobrino nieto del gran tenor. Lo hice por primera vez desde Cádiz hasta La Guaira. Desde allí el Orinoco hasta Ciudad Bolívar y el Amazonas hasta Manaos, en cuyo Teatro de la Ópera, un lujo de mármoles y oros en la mitad de la selva, el profesor Berciero nos regaló un concierto de piano. La segunda travesía desde Lisboa a la isla de Guadalupe, y desde ella hasta San Juan, con su antigua Bandera de España ondeando en el fuerte, frente a los mares caribes. El tercer viaje que cumplí con Miguel fue por aire, las reducciones jesuíticas de Paraguay y la provincia de Misiones en Argentina, con Iguazú de centro de operaciones, donde se rodaron las más emotivas escenas de la película «La Misión». Pocos metros después de romper sus aguas en el salto que separa Brasil de Argentina, nace el Paraná, esa vena de agua formidable que muere en el gran estuario del Mar del Plata, junto a Buenos Aires. Alvar Núñez Cabeza de Vaca definió a Iguazú como un gran salto de agua del cual emergía una nube líquida que sobrepasaba la altura de veinte lanzas. Los primeros españoles que se encontraron navegando en los mares sepias que se tiñen de madera y hierro por la fuerza del Amazonas, agua dulce vencedora de la salada, bautizaron el milagro como Nuestra Señora de la Mar Dulce. Argentina, Chile, Perú, Colombia, Venezuela, Paraguay, Uruguay, el rosario de islas, Cuba, Puerto Rico, el istmo centroamericano, México, California, Florida... Y en los mares del sur, la isla de Pascua y las Filipinas. La emoción de ser español se agiganta en América. Y uno piensa en la bravura, el heroísmo, el esfuerzo y las penalidades que hubieron de demostrar y padecer nuestros antiguos, y me pregunto los motivos de tantos desafectos y distancias entre los propios españoles y las diferencias entre aquellos y los de ahora. Los que eligieron para España todos los horizontes y los paletos que han optado en la actualidad por la permanente contemplación de sus ombligos. En el siglo XIX, que no fue el mejor para nuestra Historia, de La Habana volvían los vascos y los catalanes cantando sus habaneras. Y en 1812, cuando se promulgó la Constitución de Cádiz, con un Rey felón ausente y las tropas napoleónicas en nuestro suelo, se leía en su artículo primero que «La Nación española es la reunión de todos los españoles de ambos hemisferios». Grandeza desatada. Y firmaron aquel texto admirable, juntos y hermanados, diputados castellanos, vascos, catalanes, gallegos, canarios, valencianos, andaluces, montañeses, cubanos, panameños, argentinos peruanos, mexicanos, costarricenses, chilenos, venezolanos, ecuatorianos y hondureños, entre otros muchos. Por Bonanza, boca de Sanlúcar hacia Sevilla, Guadalquivir arriba, navegaban las goletas que de América y las Filipinas venían, con la naturalidad pasmosa de los marinos que cumplen con su compromiso. Y desde 1785 con la Bandera de España, la actual, la de todos, ondeando en lo alto de sus mástiles o en la popa de los grandes vapores trasatlánticos, fueran vascos, catalanes, andaluces o gallegos.

Me entristece que los niños de hoy no sepan nada de esto. Que sus raíces hayan sido manipuladas de tal modo que para ellos España es una nación que ha invadido sus tierras y las ha privado de libertad. Esos niños ignoran que son tan españoles y herederos de aquella grandeza como los demás niños de España. La monda lironda, séame permitido escribirlo.

Lo de Messi

8 de diciembre de 2012

Me preocupa honda y lacerantemente lo de Messi. No la lesión, que parece no tiene la importancia que en un primer momento representó. Pánico silencioso en el «Camp Nou», que cuando fue inaugurado se llamaba «Nou Camp», que tanto monta monta tanto. Propongo a Florentino Pérez que el Bernabéu se llame desde enero a mayo Bernabéu y de mayo a diciembre Beuberna. Una sutil manera de ampliar el círculo de amistades mediante el despiste. Pero no es eso lo que me preocupa. Lo que me tiene alarmado es la inadaptación lingüística de Messi a la realidad catalana. Lleva once años viviendo en Barcelona y no sabe hablar el catalán. Es más, su madre y su hermana Rosarito no aguantaron mucho tiempo en Barcelona y volvieron a la Argentina. El propio Messi ha confesado que a Rosarito le obligaban a hablar en catalán en el colegio, y la niña no paraba de llorar. Lo de Rosarito tiene justificación. Lo de Messi, no tanta. En once años, cualquier ser humano —incluso un inglés— es capaz de aprender una lengua. Tampoco lo habla Iniesta, según parece. Ni Villa. A pesar del apoyo del «Barça» a la inmersión lingüística, sus mejores jugadores se entienden en español. Y ahí Wert, se lo aseguro, no tiene culpa alguna. No pretendo dotar a Messi de la facilidad de los germanos y balcánicos para aprender los idiomas de los países donde viven. En tres meses chapurrean el idioma y en menos de un año lo hablan muchísimo mejor que los naturales de la zona. Es cuestión de interés, de fijarse y de estudiar un poquito. El sonido ayuda mucho. En catalán, pelota se dice «pilota». No es tanta la diferencia. Estadio es «estadi», el verde es «verd», azulgrana «blaugrana», el balón «baló», la pelota «pilota», y un amigo, un «amic». Se le puede trabar lo de calle que es «carrer» y el chaparrón, que se dice «xàfec». Pero poco más. En un largo periplo que hice junto a Baltasar Porcel, le pedí que me hablara siempre en catalán. Y a los seis días no sólo lo entendía sino que me atrevía a soltarme un poco. Gracias a ese viaje, me leí en catalán a Espriu, grandísimo poeta. No se le exige a Messi que lea a Espriu en catalán, entre otras razones porque si alguien le habla a Messi de Espriu, con toda probabilidad pensará que se trata de un defensa de la cantera. Pero once años en Barcelona obligan a determinados detalles de cortesía, y entre ellos destaca el dominio del idioma que su club defiende institucionalmente.

Tengo para mí que Messi no le perdona al catalán por los llantos de Rosarito, que ha tenido que volar doce mil kilómetros para ser formada y enseñada en español, lo cual le habían prohibido en una ciudad de España.

Y me temo que las decepciones de los aficionados culés no van a suavizarse superando este concreto y penoso episodio. Los futbolistas extranjeros que sean contratados en el futuro por el FC Barcelona tendrán que añadir a su cuidado por el buen estado físico una cartera que contenga la Gramática catalana, y alguno se puede echar para atrás. Como si a un ingeniero español contratado por una empresa vienesa le obligan a tocar con un violín los valses de los Strauss, que eran muchos los Strauss, casi como los Pujol, pero más valiosos los primeros. El señor Rosell tiene la obligación de imponerse. Si lo más importante para un nacionalista catalán es el idioma, y lo es para muchos, el daño que está haciendo Messi a la causa es inconmensurable. Messi es el ídolo de casi todos los niños de Cataluña. Messi es el que mantiene —junto a Iniesta y Xavi— el altísimo nivel deportivo del «Barça». Y el único de los tres que habla en catalán es Xavi Hernández, aunque el Hernández chirríe un poco. O aprenden catalán, que ya va siendo hora, o a la calle. A la puta calle, o la «puta carrer», porque esto no puede ser consentido.

Este chico...

11 de diciembre de 2012

Mientras no se demuestre lo contrario, todos somos inocentes. Hay que probar la culpabilidad, no la inocencia. Los sujetos pueden defenderse, pero no así los objetos. Cuando hice el Servicio Militar, un enorme cañón estaba arrestado. Era un cañón del Regimiento de Artillería anexo al campamento de Camposoto. En unos ejercicios, el estampido de su disparo provocó la rotura de algunos cristales de ventanas en San Fernando, y empapelaron al cañón. Me hice una fotografía a sus pies, con el fin de ofrecerle mi comprensión. Antonio Mingote, con gran crueldad, tiró a un contenedor de basuras su colección de gallos portugueses. Era una colección involuntaria y ajena a sus gustos. Un día le regalaron un gallo portugués. Unos amigos visitaron su casa, y al reparar en el gallo, le compraron otro. Dos gallos portugueses llaman mucho la atención, y un tercer amigo le obsequió con otro gallináceo. Un día, Antonio se encontró rodeado de gallos portugueses. Escogió una gran bolsa, los introdujo en ella, bajó a la calle, alcanzó el contenedor y al grito de «¡Ahí os quedáis!», los dejó caer en el basurero. Los pobres gallos no pudieron defenderse. Y Antonio, cometido el gallicidio y sin dar síntomas de arrepentimiento alguno, se puso a dibujar.

Los seres humanos tenemos no sólo la oportunidad, sino el derecho a defendernos y a ser considerados inocentes de haber cometido un delito o falta mientras la Justicia no pueda probar lo contrario. Es por ello que defiendo la inocencia de Oriol Pujol, al que ahora la Unidad Central de Delitos Económicos y Fiscales investiga su posible participación en los mejunjes del llamado «Caso Campeón», del que es presumible protagonista principal el que fuera muy ministro de Zapatero, José Blanco. A Oriol Pujol también se le ha relacionado, con el grado de principal impulsor, de la trama corrupta de la ITV, que podría ser una consecuencia periférica de ámbito mediterráneo del «Caso Campeón», que también es periférico de contornos atlántico y cantábrico. Según parece se han captado algunas charlitas comprometidas, como aquellas del «convoluto» del AVE.

El problema es que llueve sobre mojado y que el río suena bastante. No obstante, su presunción de inocencia es sagrada y cualquier intento de herirla o rasgarla sería una incívica imprudencia. Pero nadie puede negar que el apellido Pujol, en los últimos años y sobre todo, en los últimos meses, ha sido factor fundamental de extendidas sospechas. Esos negocios millonarios del hijo mayor en México y Argentina no han caído bien en Cataluña. Se da por seguro que un buen catalán, de sobrarle el dinero y emprender un nuevo negocio, invierte preferentemente en su tierra, y más aún, si se alimenta de sueños independentistas. Lo de México y Argentina está muy bien si después de las inversiones en Cataluña, aún sobra dinero, que es muy probable que así sea, y uno no es quien para recomendar a nadie ningún tipo de inversión. Al menos, los rumores que soplan y rodean al pequeño —me refiero a la edad—, Oriol, se refieren a posibles tejemanejes más locales, que no traspasan las fronteras de España y se ubican en Galicia y en Cataluña.

Nada me gustaría más que todo fueran rumores, chismes y lanzamientos de ripios con intención de herir injustamente. Lo malo es la repetición, la reincidencia en el protagonismo y la sospecha. En Cataluña —como en el resto de España— han pasado muchas cosas raras en los últimos años, y mucho me temo que este chico tan cordial y estrepitoso ha perdido la confianza de bastante gente. Claro, que también la gente puede equivocarse, faltaría más.

El «Guinness»

16 de diciembre de 2012

Sin pretender molestar a nadie vuelvo a repetir, que de acuerdo con mi opinión, el «Libro Guinness de los Récords» es un homenaje a lo innecesario, cuando no a lo mendaz. Lo abrí una tarde por una página cualquiera y me topé con el «récord» del mayor bocadillo de mortadela de la historia de la humanidad. Se trataba de un bocadillo de mortadela de más de cien metros de longitud, y ahí estaban en una fotografía todos los bocadilleros felices. No se registra en el libro la «Tontería más grande pronunciada por un nacionalista», con toda probabilidad, porque son tantas las majaderías que han dicho que resulta infinitamente más fácil organizar en un lugar cualquiera el intento de superar el actual «récord» de longitud del bocadillo de mortadela. Para mí, que hasta la fecha, el «récord de la tontería nacionalista» lo tenía una fallecida señora de Guecho que para indicar la dirección de su casa superó al propio Sabino Arana cuando escribió que si los «maketos» aprendieran un día a hablar en vascuence, los buenos nacionalistas tendrían que aprender el noruego. Así, que a la pregunta —¿Y usted dónde vive en Neguri?—, la buena mujer respondió: «Llegando de Inglaterra, la segunda calle a la derecha.» Muy a mi pesar, debo anunciar que la difunta señora ha perdido la medalla de oro, y que ésta le corresponde al dirigente de Unión Democrática de Cataluña, José Antonio Durán y Lleida, que como Carod-Rovira, es de Huesca. Durán es un nacionalista confuso. Se siente sólo catalán cuando está en Cataluña, y catalán y español cuando se mueve por Madrid, que lleva moviéndose por Madrid más años que los vividos por el Príncipe de Gales para ser Rey de Inglaterra, que todavía, nada de nada. Durán, con el propósito de echar por tierra el proyecto de la «Ley Wert», que lo único que pretende es que todos los niños de España tengan la oportunidad de estudiar en español compaginando su aprendizaje con el resto de los idiomas autonómicos, soltó la siguiente barbaridad: «En las escuelas catalanas, en el recreo, la mayoría de los alumnos, lamentablemente, sí, lamentablemente, hablan en castellano.» Es decir, que hablan el idioma que les resulta más cómodo y familiar, lo cual nada tiene de extraño, porque comparten esa naturalidad y comodidad con más de cuatrocientos millones de personas distribuidas por todo el mundo.

Que un diputado español considere que el uso fuera de las aulas del castellano por parte de los colegiales de Cataluña sea un hecho lamentable, sí, lamentable, nos da a entender que la inflexible memez localista se ha impuesto de tal manera en España, que esto no tiene remedio. Los diputados socialistas presentes en el hemiciclo aplaudieron satisfechos la revelación de Durán y Lleida, como era de esperar.

No me gusta ser excesivamente expresivo en el uso de los calificativos, pero lo que dijo Durán, y con todos los respetos o ninguno de ellos, se me antoja una burrada de altísimo tono en el rebuzno. Hablaba del recreo. Si a esos niños se les impone el exclusivo uso del catalán en las aulas, que hablen en español fuera de ellas no significa otra cosa que las dos lenguas son perfectamente compatibles y armónicas. Los entrenadores de fútbol y baloncesto del C.F. Barcelona (Centro Fundamentalista Barcelona) también usan el español para entenderse con sus jugadores, más aún cuando Messi lleva once años en Cataluña y todavía no ha aprendido a cantar lo de la «Font del Gat», lo cual, por otra parte, a mí me parece bien porque no se puede perder el tiempo cantando esas banalidades. Los niños de las escuelas catalanas, en el recreo sueñan con ser como Messi, y jugar en el «Barça», y por eso hablan en español. Para entenderse en los entrenamientos. Lamentable, sí, lamentable, señor Durán. Malvado idioma el de Huesca.

Mis catalanes

20 de diciembre de 2012

El proyecto enloquecido de Mas y ese individuo tan raro, Junqueras, de separar Cataluña del resto de España, ha creado fuera de sus límites autonómicos un malestar general que se ha convertido en un injusto y generalizado alejamiento anímico de los catalanes. Como si todos los catalanes fueran como Mas, Junqueras, Pujol, la Marta, y los niños de estos, que cada día que pasa aparece uno nuevo implicado en asuntos turbios. «Si quieren irse los catalanes, que se vayan de una vez.» Pues no. Hay muchísimos catalanes que no quieren irse, y el resto de sus compatriotas tenemos que defender sus sentimientos y su firmeza. Y generalizar de los catalanes como si todos ellos fueran culpables, se me antoja una vileza.

Una buena parte de mi ya extensa vida profesional la he cumplido con catalanes, mis catalanes. José Manuel Lara Hernández era un personaje genial andaluz que hizo una fortuna en Cataluña. Se casó con María Teresa Bosch, una mujer catalana excepcional. Y nacieron en Barcelona sus hijos, José Manuel y Fernando. El primero, volcado en los grandes proyectos de Planeta y el segundo, el gran amigo y protector de los autores, que nos quedamos huérfanos cuando se marchó en un accidente de carretera. Con Planeta he publicado trece libros y siempre rodeado de catalanes competentes, comprensivos y educados. Hoy, José Manuel Lara es el accionista de referencia de mi periódico *La Razón*, un periódico presidido por un catalán, Mauricio Casals, organizado por otro catalán, Joaquín Parera, y dirigido por un tercer catalán, Francisco

Marhuenda. Existe un cuarto catalán, listo como el hambre y muy influyente, José Creuheras, que nos visita con frecuencia. Y no he conocido un grupo humano como el que acabo de relacionar. *La Razón* defiende unos principios y unos valores inamovibles, España, la Constitución, el humanismo cristiano, la libertad y la Corona, y es un periódico administrado y dirigido con eficacia, generosidad y señorío por catalanes. El único periódico nacional que no ha hecho un ERE y renunció a su crecimiento en beneficio de sus trabajadores.

Con Antonio Asensio padre y Antonio Asensio hijo, en Ediciones B, he publicado veinte libros. Y siempre he sido tratado como un amigo, y no he recibido de ellos más que buenos detalles y demostraciones de auténtica amistad. Forman parte de mis catalanes con todo merecimiento. Alfred Cabanes, un hombre diferente y genial, produjo mi serie de televisión «Puerta con Puerta», con guiones compartidos con Eduardo Ladrón de Guevara, y protagonizada por Juan Luis Galiardo, Sancho Gracia, Ágata Lys y Marta Beláustegui. Serie controlada por catalanes. Una época inolvidable.

Tanto en el Grupo Planeta de la familia Lara, como en el Grupo Zeta de la familia Asensio y Mediapark de Alfred Cabanes he experimentado el concepto de seriedad, trabajo, generosidad y señorío de los empresarios y ejecutivos catalanes, y en el caso concreto de *La Razón*, he encontrado no sólo un proyecto periodístico admirable, sino una casa. Mi vida profesional ha estado siempre directa e íntimamente relacionada con catalanes, de ahí que me produzca indignación y tristeza que se generalice con ellos, como si ser catalán tuviera que ver con la corrupción política, la esquizofrenia política, el desprecio al resto de España y el insulto gratuito. Para colmo, Antonio Mingote, aragonés, nació en Sitges y adoraba a Cataluña, y mi amigo del alma, vasco por los cuatro costados —prueba de los caminos que confluyen en España—, es el conde del Llobregat.

Respeto pues, a mis, nuestros catalanes.

¿Cuándo?

29 de diciembre de 2012

Mas es el máximo representante del Rey en Cataluña. Chulo de rambla. El representante oculta con un paño negro el retrato del representado. «Son cosas del Servicio de Protocolo», dice ajustándose el tupé. El Servicio de Protocolo de Mas está compuesto por gentes muy poco ilustradas, y es una lástima. Cataluña es —todavía es y lo seguirá siendo— España, y el Servicio de Protocolo oculta con un paño negro el retrato del Rey de España. El acto se celebró en el Palacio de San Jaime, sede y residencia del Presidente de la Generalidad de Cataluña, en el centro de Barcelona. El Servicio de Protocolo escondió detrás de un paño negro el retrato del Conde de Barcelona. Sucede que no me creo las palabras de Mas. En el fondo, lo que Mas siente cuando desprecia al Rey es el regusto de la grosería, la resolana del paleto instalado en la cumbre. El Rey dijo que había que sumar esfuerzos para conquistar el futuro. Y Mas le contestó que sí, que de acuerdo, pero en Europa, no en España. ¿Cómo puede seguir hablando de Europa, si Europa le ha advertido repetidas veces y con claridad meridiana que fuera de España Cataluña dejaría de pertenecer a la Unión Europea? La mentira es el gran argumento de los independentistas. «España nos roba», pero ahí están los miembros de la familia Pujol, amparados, respetados, intocables. Algún día —¿cuándo?—, quizá un fiscal orgulloso de serlo, quizá un juez partidario de la Justicia, ante la acumulación asombrosa de datos y pruebas existentes, tengan la osadía de llamar al máximo jefe del tinglado, Jordi

Pujol, o a su esposa, Marta Ferrusola, o a sus hijos Jordi, Oriol y Oleguer, con el fin de averiguar de dónde y cómo ha nacido la inconmensurable fortuna que se les presupone, y si ésta ha sido consecuencia de la honradez del trabajo o de las facilidades que conceden los aledaños del Poder. Será una conversación interesante, probablemente constructiva. Y es posible que roto el hielo inicial que siempre impera, salgan por ahí Mas, Liechtenstein, Suiza, las cuentas no declaradas y los orígenes no documentados del dinero instalado en el pequeño Principado. Y esos centenares de millones que se nutren de intereses benéficos en la isla de Guernesey. Y México, Argentina, y las ITV, y todas esas insignificancias que han convertido presumiblemente a la familia del mítico ex-Presidente de la Generalidad de Cataluña en una de las más ricas de España. El independentismo catalán mira al Mediterráneo. Preferentemente a Marsella, Nápoles y Sicilia. Esa chulería hacia la nada disfraza una imposición vital. Hay que huir. No de España, no de Cataluña, sino de ellos mismos. La «omertá». En «Madrit», como ellos dicen, más tarde o más temprano, entraron en la cárcel un ministro, Barrionuevo, un Secretario de Estado, Rafael Vera, el Gobernador del Banco de España, Mariano Rubio, el Director de la Guardia Civil, Roldán, el Síndico de la Bolsa, De la Concha. No pasó nada. También es cierto que otros no lo hicieron mereciéndolo más, y que estamos a la espera de que alguno lo haga. Pero cuando la Justicia actúa, no hay manera de escaparse. Por una cantidad mínima y como consecuencia de la frivolidad administrativa de un amigo, pasó una temporada en la cárcel Mariano Rubio, que fue humillado en el Congreso por el socialista Hernández Moltó, que está libre después de haber dejado sin blanca la Caja de Castilla-La Mancha. Acudo al refrán y que nadie se sienta señalado, pero «a todo cerdo le llega su San Martín». Mucho me temo que San Martín no se celebra en Cataluña, porque allí nadie se atreve a levantar la voz ni a firmar una denuncia. La política no puede tener como máxima aspiración la gloria del negocio. No obstante, las informaciones que los medios de comunicación libres han aportado son tan abundantes y sospechosas que estimo la conveniencia de organizar una reunión, una cita, con o sin abogados presentes, de un juez y algún miembro de la familia Pujol. Estoy seguro de que esa charla ayudará a la Justicia a saber más, de Mas y de todo lo demás.

Secad mis lágrimas

3 de enero de 2013

Me siento desolado. He llegado tarde al aeropuerto de Parayas, en Santander, y el avión había despegado. Y lo que es peor. También he perdido los euros invertidos en las entradas, que no han sido muchos porque están rebajadísimas, pero no es momento de concesiones al despilfarro. Un camión se ha cruzado en la autovía a la altura de Boo de Piélagos y cuando se ha reanudado la circulación, mi avión superaba el primer andamio de las nubes que hoy abundan en los cielos de La Montaña.

Secad mis lágrimas, hacedme caso, procurad mi consuelo.

En homenaje a mi décimo apellido, Castelá de Mafurull, tenía pensado asistir esta tarde al gran partido internacional de fútbol que disputarán las selecciones nacionales de Cataluña y Nigeria. No lo tenía muy claro días atrás, pero cuando vi la belleza de la camiseta de la selección catalana, me vino el arreón de mis ancestros y me hice, gracias a los avances de la red, con dos localidades de lujo. Mi tatarabuelo materno, Adriá Castelá de Mafurull, me habrá agradecido desde las alturas del Misterio mi esfuerzo y buena voluntad. —De nada, tatarabuelo, pero he perdido el avión—. Secad mis lágrimas, hacedme caso, procurad mi consuelo.

El partido, como tal acontecimiento deportivo, no me interesaba en demasía. Se me antojó decepcionante la elección de la selección adversaria.

Nigeria cuenta con felinos jugadores, pero no alcanza su prestigio el mínimo necesario para tener el honor de disputar este primer partido contra una Cataluña pre-independiente. Además, intuyo una falta de cortesía por parte de nosotros, los anfitriones. Muchos de los futbolistas nigerianos efectúan su primer viaje fuera de su país, y la camiseta de Cataluña puede proporcionarles más de un desasosiego mareante. Es preciosa, pero demasiado complicada para quien no está acostumbrado al barroquismo mediterráneo. Para colmo, no juegan por Cataluña ni Messi ni Iniesta, y eso tampoco les habrá parecido bien a los nigerianos, que han viajado hasta Cornellá-El Prat con la ilusión de medir sus fuerzas con los dos mejores futbolistas del mundo genuinamente catalanes. Pero lo importante, fuera de todo tipo de tiquismiquis deportivos, no es el juego, ni el resultado. Lo importante es estar ahí, lo que el lamentable camión me ha impedido. Lo dice el cartel anunciador: «Molt més que fútbol.» Se lo traduzco: «Mucho más que fútbol.» Y el que no quiera entenderlo que se fastidie. Secad mis lágrimas, hacedme caso, procurad mi consuelo.

Me cuentan mis correligionarios y compañeros independentistas que se ha previsto la exhibición de una pancarta de más de 150 metros de longitud con un mensaje inequívoco: «Catalonia Europe's Next State.» Ahora es en inglés, pero también se lo traduzco: «Cataluña, próximo Estado de Europa.» Esa seguridad me alivia, pero no lo tengo tan claro. Hasta la fecha, los de la Unión Europea, el euro y todas esas zarandajas no han demostrado afecto alguno hacia nuestras legítimas pretensiones. Y nos han dicho, redicho y repetido mil veces, que si nos independizamos de España nos van a expulsar de Europa. Creo que haríamos bien en mostrarnos más prudentes, porque en Bruselas se toman estos asuntos bastante en serio. Yo creo que cambiarán de actitud cuando se certifique que los Pujol y los Mas no tienen dinero fuera de España, lo que se hará en muy pocos días, porque los Pujol y los Mas, como buenos catalanes independentistas, son incapaces de sacar de Cataluña esos millones de euros que tanto necesitamos en nuestro «Europe's next State». Pero el desasosiego nadie me lo endulza. Secad mis lágrimas, hacedme caso, procurad mi consuelo.

Y aquí estoy, en Cantabria, en el núcleo anímico de la España invasora, a pocas leguas de la astur Covadonga, con las entradas en el bolsillo, los billetes del avión a expensas de conseguir una parte de su importe, y ayudado por la mansa lluvia que hoy cae sobre esta tierra verde a destrozar, aún más, mi melancolía. Y pienso en mi tatarabuelo Adriá Castelá de Mafurull, y algo muy dentro de mí me carcome. Así que secad mis lágrimas, hacedme caso y procurad mi consuelo.

El Rey

5 de enero de 2013

Conocí al Rey en la estación de Atocha cuando yo tenía 5 años. Viajaba a Lisboa en compañía de su hermano Don Alfonso y de su preceptor, mi inolvidable don José Garrido. Me pareció extraño el desarrollo de las escenas. Unos señores hechos y derechos y unas señoras que me parecían de otra era se desnucaban y se encogían hasta el suelo, respectivamente, para saludar a dos jóvenes que se disponían a subir al «Lusitania Expres» de «Wagons Lits Cook», cuyos vagones eran casi todos portugueses. «Companhia das Carruagens Camas e dos Grandes Expresos Europeos.» Me pareció más serio y tímido el Príncipe —Don Juan Carlos—, y más abierto y comunicador Don Alfonsito, que me tiró de una oreja —yo era unas orejas pegadas a un lápiz—, mientras me decía «encantado de conocerte, tocayo». Para mí eran los hijos del Rey, de los Reyes, que estaban desterrados en Portugal. Aquello no era una entusiasta afirmación monárquica. Era la realidad. Y el número de personas que acudieron a despedirlos no alcanzaba la veintena.

Cuando aceptó la sucesión de Franco a la Jefatura del Estado me cayó fatal. Ignoraba que en sus adentros, prudentes, dolorosos y callados, tenía otros planes. Había conocido, junto a mis nueve hermanos, al Rey en Hoseghor, en el sur de Francia, y aquel gigante con los brazos tatuados y la sonrisa abierta me había impresionado. Años más tarde, cuando tuve la oportunidad de tratarlo familiarmente, me pareció aún más grande todavía. Formé parte de una comisión que organizaba visitas a Estoril para conocer a Don Juan, calumniado y vituperado en España y sin posibilidad de defensa. Los viajes «por la causa» no salieron del todo bien. Y al término del último de ellos, Don Juan hizo un corrillo con los organizadores —Miguel Satrústegui, Alfonso Martínez de Irujo, mi hermano Javier y el arriba firmante—, y nos pidió que dejáramos de organizar viajes monárquicos. «Dedicaos a estudiar, que un viaje más como éste y os cargáis todas las expectativas.» Se nos colaron en el autobús —500 pesetas y dos noches de hotel en Lisboa— un fundamentalista iraní, un nigeriano y una prostituta argentina que quería conocer Portugal por módico precio.

En verdad, conocí mejor al Rey cuando ya lo era. Durante unos años tuve el privilegio y la suerte de hablar con él pausadamente y con frecuencia. Jamás tomé una nota ni me preocupé de recordar lo que me había dicho, o contado, o insinuado. Me acuerdo de muchas cosas, pero para recuperarlas tengo que acudir al rincón de las prudencias, y a mi edad, recorrer ese trayecto me da pereza. Lo que sí puedo afirmar es que la opinión que tenía de años atrás cambió radicalmente. Conocí a un gran Rey, todavía tímido, pero seguro de lo que decía y fuerte en sus análisis del futuro.

Ni su más enconado enemigo puede regatearle al Rey su fundamental protagonismo en la Transición y en las libertades que hoy disfrutan los españoles. Su figura garantiza la libertad de aquellos que más lo insultan, vejan y humillan. Se le han criticado esquinas singularmente ridículas. Después de 38 años de reinado, algunos quieren nublar sus grandes logros con la muerte de un elefante y la presunta deslealtad y poca ejemplaridad de un yerno excesivamente arrebatado por su condición. El Rey y la Corona son imprescindibles, más que nunca, para que España se mantenga unida, porque la fortaleza de la Historia no se quiebra con mentiras ni patrañas. Su presencia internacional ha sido, y lo sigue siendo, el certificado de garantía de España. Y ha cometido errores, a montones, pero han sido mucho más contundentes sus aciertos. El reinado de Juan Carlos I pasará a la memoria como uno de los más fecundos y valientes de nuestra Historia. Los nacionalismos —nuestro cáncer común—, y el terrorismo han sido, como para tantos millones de españoles, sus pesadillas. Y el Rey, como el resto de los ciudadanos de España, ha sido víctima de sus deslealtades y sus zarpazos.

Veo al Rey recuperado y con esperanza. Mal de remos pero bien de cabeza. Calla y disimula las amarguras, que le sobran. Algunos optan por adelantar el ciclo de su razón de ser y pedir que abdique en su hijo, el Príncipe de Asturias. Los reyes de verdad no abdican, y menos aún en tiempos difíciles. Su padre murió siendo un Rey de derecho, cumplidor de todos los deberes y al que le negaron todos los privilegios. Los reyes no se van. Se mueren para dejar de serlo. Y al Rey le deseo que no deje de serlo en muchos años, porque su experiencia, su vida y su figura son fundamentales para que los ciudadanos de España mantengamos la elemental y sencilla realidad de seguir siendo españoles.

El «Gaudí»

9 de enero de 2013

Todo aquel que, a pesar de las dificultades, afirme que España es un país aburrido y sin imaginación, se equivoca de cabo a rabo. Amortizamos las identidades de nuestros genios en fruslerías. En Madrid se conceden los premios «Goya» de cine. Nada tiene que ver con el cine, y menos con el español, el prodigio de Fuendetodos. Y en Barcelona han instituido otro premio de cine con el nombre de Gaudí. Más o menos como si el premio que se le adjudica al mejor futbolista de la Liga Nacional de Fútbol se denomina «Calderón de la Barca». Gaudí fue un genial arquitecto amparado por la familia Güell cuyos conocimientos cinematográficos forman parte de su enigma. Era más un arquitecto para fuera que para dentro. Conozco a una familia de Comillas que alquiló el «Capricho» de Gaudí, decenios atrás, para pasar el verano, y todavía no se han repuesto sus componentes de aquel permanente susto estival. Y el Palacio Arzobispal de Astorga guarda secretos inconfesables de prelados, que a los dos años de vivir en sus aposentos, se movían a gatas y maullando por los pasillos influidos por efímeros episodios de chifladura y demencia. Alfonso XIII tenía programada una visita oficial a Barcelona. El Presidente del Consejo, Eduardo Dato, supo de movimientos anarquistas que preparaban en la Ciudad Condal un atentado contra el Rey. Y así se lo hizo saber: —Señor, hay que suspender el viaje a Barcelona por razones de seguridad relacionadas con grupos anarquistas—. Y el Rey no dio su brazo a torcer. —Voy a Barcelona porque me he comprometido y es mi deber. Además, temo más a Gaudí que a los anarquistas—.

No obstante, nadie pone en duda la genialidad y grandeza de Gaudí. La Sagrada Familia, su mayúscula obra inconclusa, es con toda seguridad el monumento arquitectónico más visitado y admirado de Barcelona. Y la Casa Milá, y el Parque Güell y demás prodigios singulares e inimitables, porque los genios nunca son superados por sus imitadores. Sólo Charlot. En París se organizó un concurso de imitadores de Charlot, y a Charles Chaplin le divirtió la idea. Se apuntó con un nombre falso, actuó y quedó el tercero. Hubo un par de charlots que lo hacían mejor que el propio Charlot. Lo más absurdo, volviendo a Gaudí, de su vida fue su muerte. Falleció atropellado por un tranvía, que es una manera muy extravagante de dejar este mundo.

El Premio Gaudí de Cine homenajea y distingue a la mejor película rodada en catalán. Y la cinta premiada este año ha sido «Blancanieves», de Pablo Berger, protagonizada por Maribel Verdú. Excepto el nombre del premio, que sigue pareciéndome excesivo para galardonar una película, el resto se me antoja plenamente justo y normal, salvo en un detalle. Que la película es muda. Se premia a la mejor película rodada en catalán a una cinta muda, en la que Blancanieves no dice ni mu, y con toda probabilidad tampoco los enanitos y la bruja malvada, que ignoro si aparecen en escena porque no he tenido tiempo de asistir a su proyección. Como apuntarse a un curso de inglés acelerado en una academia de idiomas y descubrir que el profesor es un mudo que se mueve muy aprisa por el aula. Me alivian los contrasentidos. Creo que los miembros del jurado del Premio Gaudí han demostrado un elevadísimo sentido del humor con su decisión final, pero sospecho que poco o nada habrá satisfecho a los defensores a ultranza de la lengua catalana como única en Cataluña. Que la mejor película en catalán sea muda sugiere surrealismo, pero no lógica ni normalidad lingüística.

El AVE a Gerona

10 de enero de 2013

Cuando se viaja en soledad en el AVE, es recomendable pedir un asiento «A». Son los que componen en cada vagón una fila india sin asiento adyacente. De esa manera queda asegurado que el típico «pelmazo de AVE» no se acomode al lado de uno para darle la tostada. He sufrido a muchos de ellos. Ante esa invasión de la intimidad la única solución es cerrar los ojos y simular una soñarra, pero en ocasiones, ni por esas. Otra cosa es la obligación oficial glútea. Si hay que sentarse con gente poco deseable para cumplir con la cortesía del protocolo, se hace y santas pascuas. Gajes del oficio.

El Príncipe, Mariano Rajoy y la ministra Ana Pastor compartieron un bloque de asientos en la inauguración del AVE Barcelona-Gerona, línea construida con el dinero de los que robamos a Cataluña. Las cuatro capitales catalanas están ya unidas por la alta velocidad de Renfe y Adif. El presidente de la Generalidad de Cataluña tuvo un detalle con sus ilustres acompañantes. Los saludó. Gestos como ése no se olvidan, porque últimamente está protagonizando frecuentes groserías. Al Rey, padre del Príncipe de Asturias, lo tapa con paños negros siempre que tiene ocasión de hacerlo, y el Príncipe tuvo la buena educación de no pedirle explicaciones.

En los discursos, don Felipe, Rajoy y la ministra Pastor hablaron de la fuerza que procura la unidad y de las inversiones que el Estado se compromete a realizar en Cataluña. Mas habló de Europa y retomó el argumento falso y victimista del agravio comparativo con otras autonomías. No se refirió a la de Madrid, que es la que más aporta al conjunto de España y una de las que menos recibe. Pero mi interés no se centra en los discursos oficiales, sino en la charlita particular. La charlita es muy importante. Asistía Antonio Burgos a la ópera en el Teatro de la Maestranza de Sevilla, en temporada previa a la inauguración de la Expo-92. En el descanso oyó lo que un lechuguino, pariente del marqués de Sotoancho, le comentaba a su madre: «Mamá, como esto siga canta que te canta y no haya charlita, yo me voy.»

Me pregunto eso. Un individuo delante del hijo de quien oculta con paños negros, no puede sentirse relajado. Un individuo que miente y se topa con la mirada del Presidente del Gobierno de la nación que se apresta a amputar, no puede sentirse relajado. Un individuo sentado al lado de la ministra de Fomento del Gobierno de «Madrit» que ha culminado las obras en Cataluña, no puede sentirse relajado. ¿Hablarían de fútbol? Entre Barcelona y Gerona la distancia en el AVE apenas se valora. Es un paseo. Pero un paseo bastante desagradable si hay que compartirlo con un individuo que lleva meses insultando, vejando y despreciando a millones de españoles, catalanes incluidos, por supuesto.

En los próximos días Mas visitará a Rajoy en La Moncloa. Intuyo que habrá menos sonrisas falsas durante el encuentro. A su término, Rajoy dirá que su obligación no es otra que cumplir a rajatabla con la Constitución y Mas lamentará que «España le cierra las puertas del diálogo y por ello ha decidido convocar un refrendo orientado a la creación del nuevo Estado catalán». Lo que no termino de vislumbrar es el más allá de ese momento. Porque si Rajoy cumple con su deber constitucional, podría suspender temporalmente la Autonomía de Cataluña y mandarle a Mas los guardias. No creo que hablaran de esas cositas.

Pujol y su coño

13 de enero de 2013

No me gusta hacer televisión. Me parece una tortura. Esos focos son desalentadores. Pero sí he acudido en diferentes ocasiones a «Espejo Público», el programa de Antena 3 que dirige y presenta Susana Griso. Lo he hecho porque Susana Griso es una mujer muy inteligente, muy bien educada, muy medida, muy guapa y muy lejana a la vulgaridad imperante. Cuando me ha invitado he aceptado casi siempre su invitación. Motivos menores. Un premio, un nuevo libro o un breve comentario ligado a la actualidad. Entre lo que ella aporta por la naturaleza y el suplemento de los tacones de sus zapatos, Susana Griso es un prodigio que supera con creces los ciento noventa centímetros de altura, y ese detalle impone. No a Pujol. Claro, que Susana Griso no cayó en la descortesía de charlar con Pujol de pie. En la estrategia del sofá toda diferencia física se esfuma y surge la armonía. Hasta don Juan Tenorio se vio obligado al uso del sofá para enamorar a doña Inés, si bien el mérito de la pasión experimentada por la novicia no venía de la brillantez de los versos sino del previo calentamiento a la que fue sometida, mediante hábil soborno, por Brígida, su dueña celestina.

En la escena del sofá de Susana y Jordi Pujol, doña Inés era el segundo, sin duda alguna. Y Susana era el Tenorio, pero sin precisar de ayudas externas. Y en este caso, las preguntas de don Juan en lugar de amartelar y seducir a doña Inés, consiguieron el efecto contrario. Le sacaron de quicio, hasta el punto de que a la inocente novicia se le escapó un «qué coño» de muy complicada amnistía social.

Pujol es una permanente y abierta caja de sorpresas en lo referente a gestos y guiños. Usa más de ellos cuando los argumentos le abandonan. Porque Pujol, aparte del «¿qué coño es eso de la UDEF?», no dijo nada. Bueno, dijo que las acusaciones e informaciones que pesan sobre él y los suyos son inventos del Ministerio del Interior con el único objeto de destrozar a una familia. Es decir, que ni su hijo mayor ni su señora esposa tienen negocios en México y Argentina, que ni Oleguer guarda sus dineros en paraísos fiscales y la Banca Mora de Andorra —con ellos compró los inmuebles adquiridos a Prisa—, y que Oriol, su sucesor político, nada sabe ni conoce de la red beneficiada por las concesiones de la ITV. Fue cuando me pregunté: ¿Por qué, entonces, acude al programa de Susana Griso, si no tiene nada que decir?

Sí habló de su evolución desde el nacionalismo presumiblemente leal a España —pura contradicción—, hacia el independentismo que en la actualidad anhela. La culpa de ello la tiene, por supuesto, España. Pero para decir eso no es necesario desplazarse desde Barcelona a San Sebastián de los Reyes, padecer la suave tortura del maquillaje y enfrentarse a la inteligencia instantánea de Susana Griso. Con unas declaraciones por teléfono a cualquier periódico nacional o regional le hubiera bastado y sobrado.

A mí, personalmente, me apenó su desconcierto. La estructura teatral de un plató me ayudó a figurarme la escena del sofá de la tragedia de Zorrilla, pero al revés. Algo me recordó también a una pieza teatral que se emitió en los principios de TVE, y cuya protagonista fue Rosa Luisa Goróstegui. Hacía de sordomuda y había presenciado un crimen. El policía le estaba sacando de quicio, y la sordomuda habló: «Ha sido el señor Richardson.» Como era en directo, hubo cambio de programa. No dijo ¡qué coño!, pero se desquició también.

De ahí mi segunda pregunta. Si todo es mentira, si nada de lo que se escribe es cierto, si la injuria y la calumnia imperan sobre la inocencia de su familia ¿por qué se presentó en un programa de televisión como si fuera Belén Esteban? Pues no lo sé.

El romance familiar

15 de enero de 2013

Tienen Pujol y señora / y sus hijos —son la tira— / un meridiano concepto / de lo que es una familia. /
Jordi, el mayor, se ha ocupado / de México y de Argentina; / Josep guarda los dineros / en las caribeñas islas; / Oleguer saca de Andorra / los euros que cobra Prisa / para que a Juan Luis Cebrián / no le recorten la prima / de diez millones de euros / que es una prima monísima. / Y Oriol, el heredero / en cuestiones de política / años lleva vigilado / por nuestra lenta Justicia / por imponer su influencia / con rigor comisionista. / Cuatro son los hijos, cuatro, / varones de esta familia / que han demostrado con creces / saber ganarse la vida. /
Con admiración escribo, / que no conozco la envidia / ese mal que tanto abunda / en la piel de toro herida. / De tener yo cuatro hijos / como los de esa familia / mi existir sería un masaje / de permanentes caricias, / un bamboleo de hamaca / soñando plenas sonrisas / mientras mi mano derecha / me rascaba la barriga. / Pero no a todos les toca / la agradable lotería / de tener a cuatro linces / en casa, de economía.
Nadie piense que Pujol / de estas andanzas sabía. / El Muy Honorable bastantes / preocupaciones tenía / gobernando Cataluña / con mano firme y precisa. / El cariño por los hijos / a veces, nubla la vista, / y el Muy Honorable Pujol / la tuvo opaca y perdida / mientras sus hijos varones / con eficacia fenicia / forjaban una fortuna / de muy apreciables medidas / y lejos de Cataluña / graciosamente inverti-

da. / La Mamá Marta —sospecho— / que saber algo podría / que una madre no permite / que se le vayan las crías / a los mares caribeños / a México y Argentina / e incluso a Andorra la Vieja / tan amada y tan vecina / sin obtener el permiso / que toda madre administra.

Es la prensa de «Madrit» / la culpable de la insidia / de la injuria y la calumnia / porque les tiene ojeriza. / En Barcelona, la prensa / es mucho más comedida, / si se trata de informar / con la educación debida / de los presuntos chanchullos / de tan ilustre familia. / Es indignante que abunden / tan falsarios periodistas / en esa zona de África / conocida por Castilla. / Que si Oleguer, Josep, Jordi, / que si Oriol... ¡Qué pesadilla! / y todo por unos euros / traviesos que se desvían / por motivos que se escapan / a toda conciencia limpia. / En la familia se tiene / esa conciencia, tranquila / y hay que aplicar el refrán / de inteligencia muy antigua: / «El que afana no es culpable, / culpable es quien lo averigua.»

Por lo demás, todo bien. / Artur Mas está en Suiza, / Durán volviendo de Chile / de su histórica visita / donde no le han recibido / ni su tito ni su tita. / Junqueras, mira de lado / y de ninguno se fía. / Ha recibido a Tardá / en su preciosa oficina / para agradecerle el gesto / de su gesta vizcaína / apoyando a los etarras / y no al tostón de sus víctimas / con La Bardem, con Toledo / y demás personas limpias, / aunque alguna fuera antaño / el mayor de los franquistas. / El «Barça», fuera de chismes / está arrasando en la Liga, / Y Messi al fin, es bilingüe / porque con gran maestría / domina ya el catalán / y traduce con pericia / que el conejo es el «cunill» / y la coneja, «cunilla».

Pero los Pujol están / en la diana de la insidia. /

Un catalán del Gobierno / de España, Fernández Díaz / quiere manchar el honor / de la Honorable Familia. / Y qué quieren que yo haga / y qué quieren que les diga.

Despáchalo, Rafael

27 de enero de 2013

Javier Arzallus, culto, inteligente y malvado como pocos, se presentaba en La Zarzuela como el referente de lealtad en el País Vasco del Señor de Vizcaya, es decir, el Rey. Engañó a todos. A Suárez, a Calvo Sotelo, a Felipe González y a José María Aznar. Mientras se deslizaba por las alfombras de La Zarzuela y Moncloa, animaba a los comandos de la ETA a dar «más caña» con el fin de urgir las transferencias políticas pendientes. Esto lo dejó escrito Juan María Bandrés en sus memorias de la agonía. En la espera de una audiencia del Rey, Arzallus le hizo una confesión a Sabino Fernández Campo. «Creo que hemos equivocado el camino, eligiendo el Estatuto de Guernica y renunciando a la lucha armada.» Aquello de que «unos menean el árbol y otros recogemos los frutos». Sabino se disculpó y se presentó en el despacho del Rey. Le informó de lo que acababa de oírle a Arzallus, y el Rey no dudó ni un segundo:

«Despáchalo tú, Sabino.» Fue la última vez que Arzallus visitó La Zarzuela.

No es el mismo caso que el de Mas y su próxima visita institucional al Rey. Arzallus no era el «Lehendakari», y Mas, con un notable descenso de apoyos, compensado con el pacto separatista establecido con Junqueras e «Izquierda Republicana» —estoy escribiendo en español—, ha sido proclamado recientemente Presidente de la Generalidad de Cataluña. Y como tal, visita al Rey para presentarle el plan soberanista iniciado pocos días atrás con la declaración de ochenta parlamentarios autonómicos a los que hay que sumar los cinco socialistas partidarios de la independencia mediante «el derecho a decidir» que nadie sabe de qué derecho se trata. La visita de Mas al Rey, y que el Rey esté obligado a recibir a Mas, chirría en muchas sensibilidades, entre otras la mía. No por otro motivo que por el contenido de la audiencia que supera con creces los límites marcados en la Constitución Española que fue aprobada con el 80% de los votos en Cataluña. Mas se apresta a visitar al Rey de España para decirle que Cataluña, unilateralmente y saltándose todas las leyes habidas y por haber, va a independizarse de España y crear un nuevo Estado soberano. En una palabra, visita al Rey para insultar a la figura del Rey, y el Rey lo recibe para ser insultado. Está muy claro. «La Constitución se fundamenta en la indisoluble unidad de la nación española.» El Presidente Rajoy ha encargado un informe a la abogacía del Estado para determinar si el acuerdo del Parlamento catalán «vulnera la Carta Magna». Absurdo encargo. Está clarísimo que lo vulnera desde la primera letra de la declaración independentista. Y ahí es donde me entran las dudas de si es conveniente o no que el Rey reciba a Mas. No se trata de una visita protocolaria y cordial, sino de un encuentro provocador y amenazador. El Rey nos representa a todos los españoles, y también a los que quieren dejar de serlo, y es el máximo garante del cumplimiento de la Constitución. Somos muchos millones más los insultados y despreciados que los que insultan y desprecian, y ese dato puede ser significativo.

Usando de un lenguaje coloquial, ya utilizado por Foxá en tiempos pasados, a lo que viene Mas a Madrid es a pegarle al Rey una patada en el culo de todos los españoles. Y ante esa evidencia lejana a cualquier discusión o interpretación sesgada, me pregunto si es admisible que el Rey se vea obligado institucionalmente a ser tratado con tamaña grosería por un fanático que no ha hecho otra cosa, en los últimos meses, que arruinar el prestigio de España en el exterior.

Volviendo a tiempos lejanos, lo que Mas merece es que el Rey reclame al Jefe de su Casa al despacho y le ordene mientras enciende un puro: «Despáchalo tú, Rafael.»

El antitaurino

11 de febrero de 2013

Si después de superar los trámites establecidos, la Fiesta de los Toros es declarada Bien de Interés Cultural, volverán a celebrarse corridas en Cataluña. Rubalcaba no lo desea. El próximo martes, en el Congreso de los Diputados, se votará la tramitación de la iniciativa del Partido Popular, y según se lee y se oye, Alfredo Pérez Rubalcaba ha decidido que los socialistas no son partidarios de la Fiesta. Votarán en contra del proyecto. Un buen socialista no puede ser aficionado a los toros desde que la disciplina del voto le convierte en partícipe de la decisión del Grupo socialista en el Congreso. Intuyo que Rubalcaba es de los que creen que los toros son de derechas y los «camping» de izquierdas. El ecologismo no se ha apercibido todavía de que el toro bravo es un maravilloso animal que sobrevive en las dehesas gracias al cuidado de las ganaderías. Sin corridas, desaparecería ese prodigio misterioso. Todo se lleva a la política con una elementalidad intelectual extrema. Los toros, de derechas; el golf, de derechas; los «camping» de izquierdas; la energía nuclear, de derechas y la eólica, progresista. La montería y la cacería de perdices, de derechas. La de galgos, de izquierdas, quizá por la afición de determinados dirigentes comunistas como el camarada Romero. Pero muchos ignoran que Cayo Lara y Cañamero, el audaz cómplice de los saqueos de los supermercados de Gordillo, son cazadores de gran pericia de las gallináceas, y si dependiera del gatillo del rifle de Baltasar Garzón, que se está postulando como futuro dirigente de Izquierda Unida, no quedaría vivo ni un venado ni un jabalí en las sierras de Jaén. El mito del golf en España fue un «caddy» de Pedreña, Severiano Ballesteros. Y del tenis, un recogepelotas del madrileño Club de Tenis Chamartín, Manolo Santana. Un golf es un espacio cuidado, un cortafuegos, un paisaje en el que los árboles y la naturaleza se respetan y se cuidan hasta extremos inconcebibles, y se riega con agua reciclada. Pero hay que acabar con el golf porque es un deporte de señoritos, y hay que instalar más «camping» en España porque la mayoría de los usuarios son jóvenes con limitado poder económico. El estado de higiene y salubridad de un altísimo porcentaje de los «camping» españoles, especialmente los instalados en las inmediaciones de las playas, limita directamente con la repugnancia. Pero son intocables.

Creer que los toros son de derechas es no conocer los pormenores sociales de la Fiesta ni por asomo. Es una estupidez, simplemente. Tanto en las derechas como en las izquierdas hay taurinos y antitaurinos, pero la libertad de elección se le está negando a los primeros. Hay plazas de toros en España en las que para acceder al tendido o la andanada hay que soportar los insultos groseros de los antitaurinos adoctrinados y desplazados a los entornos de los cosos con el único fin de amargar la libertad de los aficionados. En Francia se han prohibido las manifestaciones antitaurinas en las tardes de toros en las cercanías de las plazas. Otro ejemplo más de la falta de complejos y el respeto por la libertad de los franceses.

Si el PSOE vota en contra de la iniciativa de declarar Bien de Interés Cultural a la Fiesta de los Toros, insultará a centenares de miles de sus militantes y millones de sus votantes. Todo, porque el que ha presentado el proyecto es el Partido Popular. Rubalcaba se ha equivocado mucho y en infinidad de ocasiones, pero ahora supera su capacidad para el error hiriendo la sensibilidad del pueblo, de una buena parte de los suyos.

Pere o Pera

4 de marzo de 2013

Noche de los Cavia en *ABC*. Presidía la Reina. El galardonado con el «Mariano de Cavia», Pedro Casals —nada opuesto físicamente, en aquel tiempo, a Narcís Serra—, oía con emoción al presidente del jurado, el gran poeta catalán Pere Gimferrer. Don Pere se excedió en la duración de su discurso, y Casals cambió la emoción por el cansancio. Le mandé en la cartulina del menú un epigrama a Jaime Campmany: «El Pere que greñas peina / tiene la palabra sabia; / pero si habla más, la Reina / no vuelve a venir al Cavia.» Uno era todavía joven, y no había caído en el contrasentido de la pronunciación de la vocal «e» final en el hermoso idioma catalán. «Pere» se pronunciaba «Pera». Jaime Campmany me devolvió la cartulina: «Sé que la inmersión te hiere, / y es lógico que te hiera, / pero recuerda que "Pere" / debe pronunciarse "Pera".» Lo pasamos muy bien. Siempre me ha divertido el intercambio de versos en las cenas. Una noche, en el Palacio Real, el Rey invitó a cenar a los miembros de la comisión de un homenaje a su padre, El Viejo Rey, que no pudo celebrarse por la cantidad de personas que se apuntaron al mismo. A mi lado, Rosario Conde, señora de Cela, que no me demostró excesiva simpatía. Frente a mí, el Jefe del Cuarto Militar del Rey, teniente general Joaquín Valenzuela, ya repuesto de las heridas sufridas en un atentado terrorista de la ETA. Lo estaba pasando muy bien con una señora guapísima, mientras que yo me esforzaba en vano en alegrar mi charla con la mujer de Camilo. Y Valenzuela me pidió que le firmara el menú: «Del poeta Alfonso Ussía / al general Valenzuela: / Te cambio tu compañía / por la señora de Cela.» El Rey, después de la cena, me chorreó un poquito.

Pero vuelvo a los «Pere» que son «Pera». Y en concreto, a Pere Navarro, secretario del Partido Socialista de Cataluña, que no es el mismo que el PSOE. José María Marco nos ha explicado a la perfección en estas páginas la ausencia de una idea nacional en el socialismo español. El PSC es tan nacionalista, o más, que CiU y ERC, y el PSOE siempre se ha sentido a gusto gobernando con los nacionalistas en Galicia, País Vasco y Cataluña. Rosa Díez, también, y siendo consejera de Turismo del Gobierno vasco del PNV, emplumó a Antonio Mingote por un dibujo magistral publicado en *ABC*, que no se puede ir de perfecta por la vida, doña Rosa, ni pedir la regeneración de la clase política cuando se lleva más de treinta años sin descender del árbol del poder. Pero en fin, sigo inducido a encaminarme hacia los cerros de Úbeda. Si no me equivoco, escribía de Pere o Pera Navarro.

Ha dicho el señor Navarro que pertenece a la ciencia ficción que el PSOE pretenda presentarse en Cataluña con sus propias siglas. No me voy a someter a la humillación de intentar analizar los mensajes de Pere Navarro, fundamental responsable del hundimiento del PSOE en España. Navarro está con Mas, Junqueras, los Pujol y la Rahola, y hace muy bien si le satisface tan peculiar compañía. Mi intención es otra. Desde que lo vi por vez primera, me he preguntado: ¿A quién se parece este Navarro? Y al fin, después de meses de angustia y zozobra, lo he averiguado. En su rostro y expresión podría ser hermano de José Luis Moreno, el formidable ventrílocuo y empresario teatral así como tenor de Ópera y Zarzuela. No lo afirmo con ánimo peyorativo, porque José Luis Moreno es un personaje luchador e inteligente, segunda cualidad que en el caso de Pere o Pera Navarro aún está por demostrarse.

Le iría mejor al socialismo catalán con un ventrílocuo.

Ni Joan ni Borbó

18 de marzo de 2013

Como Rey de derecho y Jefe de la Casa Real Española, Don Juan eligió para su uso el título soberano de Conde de Barcelona. Por la singularidad del título, que sólo puede llevar el Rey de España, Don Juan expresó su deseo, en el texto de su renuncia ante el Rey, de seguir siendo el Conde de Barcelona hasta su muerte, aceptando el Rey su petición. Fue Tarradellas el que tuvo la idea de que Don Juan y Doña María descansaran para siempre en el Panteón de los Condes de Barcelona de Poblet. La posterior decisión del Rey de que sus padres lo hicieran en el Panteón de los Reyes del Monasterio del Escorial truncó el proyecto inicial. Don Juan visitó Barcelona en múltiples ocasiones, porque era una ciudad a la que quería apasionadamente y en la que siempre fue bien recibido. Posteriormente vivió allí largas estancias como consecuencia de sus diferentes operaciones de retina y córneas, todas ellas practicadas por los doctores Muiños y Barraquer en la prestigiosa clínica de este último. Cuando Don Juan, invitado por Tarradellas al Palacio de la Generalidad, entró en el despacho del Presidente, ahí estaba el Muy Honorable Josep Tarradellas de rodillas aguardando la llegada del Conde de Barcelona. Tarradellas, aunque parezca mentira, era del mismo partido que Oriol Junqueras. «Saludo y beso la mano a mi señor natural el Conde de Barcelona.» Y después de hacerlo, se incorporó con la ayuda de su señor natural. Siendo Presidente Jordi Pujol, Don Juan fue invitado en numerosas ocasiones a la sede de la Generalidad, y tratado con muy especial cortesía. Y del puerto de Barcelona, después de cenar en «Semon», iniciamos en diferentes años las singladuras en el «Giralda», que mientras permanecía atracado en el puerto recibía a cuantos ciudadanos quisieran visitarlo y conocerlo. Don Juan y Barcelona estaban mucho más unidos anímicamente que por el uso de su título soberano.

Cuando falleció, el PSC, CiU y el PP, con el alcalde Pascual Maragall a la cabeza, dieron a una avenida de Barcelona el nombre del Rey exiliado. Avenida de «Joan de Borbó». Escribí que resulta absurdo traducir nombres y apellidos. Don Juan nunca consideró que su apellido era «Borbó», pero tampoco estaba la situación como para poner trabas a lo que era un acto municipal de estricta justicia, histórica, institucional y humana. Me entero ahora de que, por iniciativa de ERC y la complacencia de CiU, con el alcalde Trías a la cabeza, a Don Juan le van a quitar su avenida. Es una agresión más a España, y se hace humillando la memoria de un español ejemplar que amó a Barcelona y Cataluña de manera constante, creciente y apasionada. Parece que les molesta la sombra magnífica del Rey marino. Tan sólo un consuelo a la grosería municipal de Barcelona, esa ciudad grandiosa cada día más habitada por aldeanos de horizontes inmediatos. El nombre que van a quitar de una avenida barcelonesa no pertenece a nadie, porque «Joan de Borbó», a mi modesto entender, no era una persona conocida. Equivale a que retiren de cualquier calle de Bilbao, Vitoria o San Sebastián las placas de la avenida de «Jon de Borbotegui», que nadie sabe quién era, a ciencia cierta.

Los apellidos son intocables. Windsor, Borbón, Orleans, o Schleswing-Holstein. Me gustaría, por curiosidad, saber cómo se dice Schleswing-Holstein —el primer apellido alemán de la Reina— en catalán. Tiene que resultar tan azaroso como divertido. Pero con independencia de que la avenida que le quitan a Don Juan en Barcelona pertenece a otro señor de muy limitado conocimiento público, la mala intención se advierte. Mala intención de los incultos, los perversos, los groseros y los paletos de ERC y CiU.

Compadreo

31 de marzo de 2013

Confieso que me inquietan las reuniones secretas. La de Rajoy y Mas me ha desconcertado especialmente. Mas necesita dinero para pagar sus deudas pero sigue derrochándolo en paparruchas independentistas. Y Mas no se ha apeado del burro catalán, e insiste en mantener su consulta soberanista. En esta situación, ¿qué hace Rajoy recibiéndolo en La Moncloa a espaldas de la ciudadanía? A mí, personalmente, Mas no me cae mal, por cuanto lo considero bastante torpe. Me emociona la torpeza permanente. No revelaré su identidad ni bajo tortura, pero un coetáneo y viejo amigo de quien escribe, hoy muy popular, fue en su juventud el más torpe del mundo tratando a las mujeres. Enamoradizo obsesivo, jamás sometido a la claudicación, en una famosa puesta de ancho —la que se ponía de largo era bastante gorda—, celebrada en Madrid en los años ochenta, fue rechazado por más de veinte féminas atractivas. Terminó bailando con su madre, una dama de acrisoladas virtudes, como se escribía en las necrológicas de *ABC* cuando fallecía una marquesa.

La torpeza de Mas no es excusa para ser recibido en La Moncloa. Y hay también torpeza por parte de Rajoy, que cree en la invulnerabilidad del secreto. Muchos catalanes y el casi resto de los españoles estamos un tanto mosqueados con los tostones separatistas de Mas y de su socio, Oriol Junqueras, que es el que manda en Cataluña. No vale decir «que se puede llegar a un acuerdo en lo económico a cambio de retrasar la consulta». ¿Qué es eso de «retrasar» la consulta? Si es ilegal hoy, lo será igualmente «retrasada». Y por muy pesado que me ponga, alguien coincidirá conmigo en que una autonomía gravemente endeudada, no puede recibir millones de euros si no se compromete a invertirlos en lo que Cataluña precisa para su supervivencia, y no para su independencia. Además, que se cae en el más lastimoso agravio comparativo con otras autonomías en situación similar de quiebra técnica.

¿Acaso no merecen una reunión secreta otros presidentes territoriales? Reuniones públicas, semisecretas y las celebradas bajo los faldones de una mesa camilla, que según parece ha sido el escenario de la última. Nada puede ser secreto ya en este mundo. Hasta la hermética Corona británica abre las ventanas para que vuelen las noticias. Y si no las abre la Corona, lo hace Miss Tupperwilde, la limpiadora jefa de cristales de Buckingham, que es muy dada a irse de la húmeda. Se comprobó cuando el perro de Ana de Inglaterra mordió de una tacada a la Reina, a Felipe de Edimburgo, al Ayudante militar y al mayordomo Gerson, que fue el único que se atrevió a darle una patada. La Real Familia calló, pero Miss Tupperwilde lo contó todo, y lo que es peor, con detalles.

Un Presidente del Gobierno de España no puede reunirse en secreto con un presidente autonómico que sólo desea separarse de España. La reunión es admisible, pero con luz y taquígrafos. Y si es posible, con preguntas de los periodistas, que tienen el derecho a hacerlo y el deber de informar a los ciudadanos. No porque sea un torpe el visitante la reunión carece de importancia. Es más, precisamente por la torpeza del desplazado la reunión guarda un enorme interés, privado a la opinión pública.

De un tiempo a esta parte, el Gobierno del PP ha decidido tomarnos a todos por el pito del sereno. España sufre y en su mayor parte, es una nación de gentes educadas. Pero no tontas. He votado en las últimas elecciones al PP, y ante la amenaza del PSOE, es probable que reincida en mi equivocación. Pero solicito un mínimo de respeto de los gobernantes a los gobernados.

Imprudencia de celosía. Rajoy y Mas como la abadesa que recibe a la novicia díscola mientras el resto de la comunidad duerme. Se entera otra novicia, se lo dice a una tercera, y al final todas coinciden: «Algo traman.»

La llamada «consulta» no puede ser moneda de cambio a favor o en contra de nada. Ni la ayuda suplementaria a Cataluña, una excepción. A todas o a ninguna. Más aún, cuando en Cataluña se derrochan los recursos en beneficio de auténticas gamberradas.

Al final, todo se sabe. El cauteloso ha recibido al torpe. Y a la vista del silencio oficial, el torpe ha vuelto a engañar al cauteloso. Gracias al engaño, el torpe no va a bailar con su madre, que es España, sino con Pilar Rahola. Me estoy haciendo un lío y a Dios gracias, he cubierto el espacio y tengo que terminar. La película se titula «El Torpe que engañaba a un Gallego».

De cul

11 de abril de 2013

Une fois chaque anne, et pour un simple desire de vanité, mon article se redacte en français. Demostration de ma facilité pour ecrire en tous les langues. Aujourd'hui le téme en concrete que plus me preocupe est, sans doute aucune, la absence de capacité de reaction de les membres de le Goubernement espagnol et son partie politique contre les amenaces separatistes de basques et catalans. Avec les coujenettes de cravate, les oeufs disparus, le ministre de l'Interieur, monsieur de Fernandes, concedé la liberté provisionel par raisons humanitaires a le terroriste Bolinague, malade d'un cancer terminel. Actuelment, le malade Bolinague mostre un etat de santé envidiable, s'agarre unes trompes descomununelles en compagnie de ses amies, mange avec une apetite fabuleuse et avoir engordé de tal maniére que parait un cochon, un porc et aussi, un marrane. Simultáneament, a meme temp, le asassin De Jeane Chaos y le criminel Josú Terniére, se despelotent depuis son paradises de refuge a coste de tous les citoyens espagnoles. Bien, bien, ¡voilá!

En secrét, le President Mariane de Rajois, a recú a le palais de la Monclove a le President de l'autonomie de Catalogne, monsier Arture Plus. Monsieur Plus etait firmement decidé a organiser une consulte non legal avec le fin de declarer l'independence de la Catalogne, o lo que est egal, de les provinces de Barcelone, Tarragone, la Leride et Gerone. Monsieur Plus se passé de la langue dans la campagne electorel et como dit la sentence populaire espagñole, «a bonnes heures, mangues verts». Son probléme es la caisse. Il ni avait ni une pute euro, et precise de la financiation de L'Etat, mais non le sale de le güite renonçer a son plain separatiste. Une embrouillement de pére et beaucoup monsieur mois.

Bien, bien ¡voilá!

Par outre part, le Goubernement de l'Espagne sufre et padéce de l'acose violent de une multitude de gauchistes que en temps de la administration
—par dire quelque chose—, socialiste, ont'etait completment en silence et couchettes en ses chambres. Les sindicates, comandés pour le monsieurs Toxó et Mendes, organisent chaque deux par trois, toute clase de manifestations, mais le Goubernement mantiéne les soubventions millonaries a cette group de gorrons profesionelles. Un Goubernement clairment cobardique et blande comme un ballon de gomme. De la gomme plus fragíle, pour être sinceres. Complexe d'inferiorité. Bien, bien, ¡voilá!

A cette passe, l'Espagne, notre Patrie, notre pays, notre nation, s'irá a le caraje, a le quinte chichí, a la porre. La jeunesse emigre, les impots son insopourtables, et le ministre de le Trésor, monsieur le Montoire, seulment avait agarré par le coujons a les plus debiles, en tanto que a les millonaires de societés interpostes et a les rentistes que jamais han pegué avec un pal al eau, non les moléste. Non toute est la economie. Mais le Goubernement espagnol parait socialiste, y de continuer ainsi, le va a voter dans les urnes en la prochaine ocasión sa tante, son pére, sa mére et son fils. Moi, non. Bien, bien, ¡voilá!

Conclusion: Deception mayuscule. Promises electorelles a le cube de la basúre. Aucune personalité et firmesse. Une falte de simpatié et conviction en le discours, preocupant. Le terroristes en la rue. Les separatistes, mimés. Les citoyanes, plainement jodís. Nous avons irrité la retambufe. L'Espagne va de cul.

Éxito descriptible

24 de abril de 2013

César González-Ruano aceptó la invitación del Alcalde de Guadalajara para dar una conferencia. El Alcalde, previsor, alquiló cien sillas supletorias a sumar a las fijas y estables del salón de actos. César era en aquellos momentos, junto a Pemán, Foxá y Pérez de Ayala, la estrella rutilante del viejo *ABC*, y el éxito de público estaba asegurado con su presencia. Cosas que pasan. Diez minutos antes de la hora prevista el salón se hallaba casi vacío. Tan sólo una decena de personas aguardaban la palabra de César. El salón estaba abarrotado de sillas vacías. Y González-Ruano, que se encontraba de buen humor porque había cobrado sus honorarios, le comentó al Alcalde: «Mi presencia en Guadalajara ha tenido un éxito descriptible.» Con las conferencias hay que tener mucho cuidado. José María Pemán acudió a hablar en Calatayud, y el Alcalde se lo advirtió: «Por favor, don José María. Ni una mención ni una broma con "La Dolores". Aquí, en Calatayud, estamos hasta el gorro del pitorreo de la dichosa copla.» Pemán, que no soportaba la censura, principió su conferencia de esta guisa: «Si vas a Calatayud / pregunta por la Manuela, / que es nieta de la Dolores / y más puta que su abuela.»

Lo de Pemán me divertía contarlo pero nada tiene que ver con este artículo. Sí, al contrario, lo de González-Ruano. El presidente de la Generalidad de Cataluña, el señor Mas, ha rendido visita a Bruselas para hablar de su plan independentista. Y no ha tenido éxito. De vivir en su ánimo el mismo sentido del humor que el de Ruano, habría definido su visita de «éxito descriptible». Ahí le han dicho que se deje de mandangas, y sólo puede presumir de haber sido recibido por la señora Androulla Vassilio, comisaria de Educación, y cuya fundamental labor en Bruselas no es otra que hacer caso a quienes no quieren recibir los demás. El anterior visitante recibido por la señora Vassilio fue el cantautor noruego Olaf Sorensen, a cuya inspiración se debe la bellísima balada «Oj, oj, oj», que trata del esfuerzo de un remero que atraviesa un fiordo en primavera para alcanzar la otra orilla y felicitar el cumpleaños a su amada. «Oj, oj, oj» es onomatopéyico y describe el desasosiego durante el duro bogar. El resumen de la visita del Muy Honorable a Bruselas se puede sintetizar en cuatro letras, es decir, «nada», si bien a los más optimistas les está permitido utilizar diez: «Nada de nada.»

El propio Mas ha reconocido que su visita no debe de considerarse provechosa, y es que Cataluña no es Kósovo, ni España, una nación milenaria, nada tiene que ver con la Yugoslavia artificialmente reunida por Tito después de la Segunda Guerra Mundial. Ese catalanismo exacerbado, esa exageración identitaria de los separatistas catalanes, produce pasmo y asombro en Bruselas, y como allí no hay complejitos, se lo dicen y lo despachan con una facilidad envidiable.

Vettel es un alemán muy valioso. Ha ganado ya tres Campeonatos del Mundo de Fórmula-1 y casi siempre le moja la oreja a nuestro extraordinario Fernando Alonso. Los periodistas del motor no acostumbran a exhibir sus sentimientos o ideologías, por considerar que lo importante en una entrevista es lo que diga el entrevistado, en este caso, Vettel. Pero nuestro eximio reportero, antes de principiar con sus preguntas, empezó negando su condición de español y ensalzando su nacionalidad catalana. Y Vettel sonrió: «Claro, es como si uno de Baviera dice que no es alemán.» Doblada y por detrás.

Otro éxito descriptible.

Don Salvador

30 de abril de 2013

Dalí fue un genio. Para mí, mucho mejor dibujante que pintor. Pero esta opinión no puede ser valorada con seriedad, porque no soy un experto. Me dejo guiar por mis gustos, no los de las galerías de arte, que son las que mandan y las que se enriquecen con los pintores. En el esnobismo cultural, la mentira está muy bien considerada siempre que sea beneficiosa. Con Dalí, hoy abierto al público de Madrid con su gran exposición en el Reina Sofía, no han sido excesivamente generosos los críticos. Don Salvador evolucionó desde su apasionado amor por Federico García Lorca a la comodidad en el franquismo y su visión monárquica de la vida. Era un catalán muy poco identificado con la aldea. Convirtió su personalidad arrolladora en un negocio universal. Un negocio para él, como es de suponer. Dalí no se contentaba con asombrar con su arte. Lo que más le gustaba era escandalizar, ridiculizar a sus críticos y hacer lo que le daba la gana. Recuerdo una entrevista en TVE. Apareció con unas gafas muy aparatosas. Lo explicó con su vehemencia acostumbrada. Se trataba de unas gafas multifocales, con cristales cóncavos y convexos perfectamente ensamblados. «La gran ventaja de estas gafas es que son carísimas. Son las gafas más caras del mundo, y sólo las tengo yo.» El entrevistador, llevado por la curiosidad, le preguntó: «¿Y qué tal se ve a través de ellas?» Don Salvador respondió a bote pronto. «Fatal. No se ve absolutamente nada. Son las gafas de un genio.»

Dalí protagonizaba payasadas, todas ellas espectaculares.

Le obsesionaban los cuernos de los rinocerontes. Se le derretían los relojes. Para mí, que su amadísima Gala era un recurso pactado para humanizar su figura, tan despegada de la tierra. No se llevaba bien con Picasso. En Nueva York habló durante una hora a un público entregado criticando a Cézanne. Lo calificó como el pintor más torpe de la historia. Al terminar su diatriba, fue ovacionado. «Me han aplaudido por lo bien que hablo, no por poner a Cézanne en su sitio. En Nueva York no saben quién es Cézanne.» Se hizo darwiniano por el mero placer de menospreciar a Picasso, que era tan buen dibujante como él y mucho mejor pintor que él. «Está científicamente demostrado que el hombre desciende del mono. Y al que lo dude le recomiendo que vea una fotografía de Picasso desnudo.» Creo que al final de su vida, el entorno de Dalí estaba más pendiente del dinero que de su obra. Era monárquico por estética y soñaba reyes con mantos de armiño. Decía que un genio tenía que comportarse como tal en todas las situaciones. Los que le conocieron íntimamente aseguran que en la intimidad era una persona absolutamente normal, educada y nada extravagante. Pero su capacidad ilimitada para dorar su «ego» le llevaba a culminar las más exóticas peripecias. Dalí fue un lujo del arte, un pasmo de personaje. Creo que la esfera de la tierra se le quedó corta. Sus bigotes eran la consecuencia de un muy trabajado detenimiento, como su maestría en el manejo del bastón o el diseño de sus horrorosas levitas. El gran Dalí, dibujante excelso y muy buen pintor, se pasó la vida riéndose del mundo y del propio Dalí, al que otorgaba una condición ajena. Jamás habló de él con un «yo», sino con Dalí. «¿Cuándo volverá a Nueva York?»; «Dalí volverá a Nueva York cuando le apetezca».

Su distancia con los artistas encumbrados por su ideología le valió el desprecio de la crítica politizada que en el Arte impera. Pero el tiempo pone las cosas en su sitio, y ahí está en Madrid, recuperado, aclamado, y por desgracia, en silencio.

El marroquí

16 de mayo de 2013

No hace muchos años, Ángel Colom y Pilar Rahola militaban en ERC, la Izquierda Republicana de Cataluña. Fueron militantes y dirigentes. Y a punto estuvieron de conseguir que desapareciera, pero lamentablemente no lograron tan benéfico final. Para sobrevivir, ingresaron en Convergencia y han medrado satisfactoriamente. Pilar Rahola es el soplo de inteligencia que ilumina a Mas, y Colom se ocupa de la «Fundació Nous Catalans», que según mis asesores en lenguas autonómicas es traducible por «Fundación Nuevos Catalanes». No lo aseguro, pero si mis asesores me garantizan que esa y no otra es la traducción literal, estoy moralmente obligado a responsabilizarme de su veredicto. A mi anterior asesor de catalán lo tuve que despedir porque me garantizó que «pilota» es la mujer de un piloto, cuando en realidad es simplemente un balón. Además del ridículo lingüístico, las feministas se pusieron de uñas conmigo porque, según ellas, desde mi perspectiva machista, no supe defender a las mujeres que pilotan aviones, que ya son muchas y magníficamente preparadas, por cierto. Tenían razón.

El nacionalismo catalán fue muy duro y distante con los inmigrantes. Con los que llegaron a Cataluña desde otros lugares de España —los charnegos—, y los provenientes de África. La señora Pujol lo dejó claro en diferentes ocasiones. No le gustaban los moros ni los negros que estaban invadiendo Cataluña. Por fortuna, esa distancia ha desaparecido. Y prueba de ello es la que se ha montado con la orden de expulsión de España, promovida por el CNI, del ciudadano marroquí Noureddin Ziani, del que se dice que es salafista, una de las corrientes del islamismo más radicales y cercanas al terrorismo. El expulsado Ziani ha negado todas las acusaciones, y acusado al CNI y Ministerio del Interior de expulsarlo por ser «soberanista catalán». Y Ángel Colom confirmó su condición de independentista ofreciéndole apoyo y tribuna en la sede de la «Fundació Nous Catalans», a la que pertenece el magrebí. Debo reconocer que carezco de agilidad mental para entender este lío. Mis capacidades de reflexión y comprensión en este peculiar caso son similares a las de un berberecho poco dotado intelectualmente desde su nacimiento.

Los independentistas catalanes no piensan como Josep Pla, síntesis de la ironía, la inteligencia y el pragmatismo de Cataluña. En las manifestaciones por la independencia se advierten numerosos inmigrantes con señeras estrelladas. Resulta comprensible si se sienten cómodos en Cataluña y han conseguido la nacionalidad española, que es la que les permite ser independentistas catalanes. Pero este personaje es marroquí. Y no puedo comprender qué hace un marroquí inmerso en el islamismo radical dentro del aparato político del separatismo de Cataluña. Tampoco asumo su vinculación y pertenencia a la «Fundació Nous Catalans», porque no es nuevo ni viejo catalán por la sencilla razón de que no es ni catalán.

Creo que hay que respetar el trabajo del CNI. El CNI no se dedica a encuadrar en el salafismo a los independentistas catalanes, sean españoles o importados para engordar la dichosa «Consulta». Si el CNI llega a la conclusión de que es urgente solicitar al Ministerio del Interior la expulsión del territorio nacional de un extranjero por constituir una amenaza para España, es que algo hay. Y si lo que hay es un salafista marroquí, que Marruecos se las apañe, aunque el independentismo catalán se quede sin uno de sus principales dirigentes. Mas, Junqueras, Colom, Rahola, Cesc Fábregas, lo que queda de los Pujol y el marroquí.

El barullo

26 de mayo de 2013

No entiendo el motivo del barullo que se ha montado en el Partido Popular por las declaraciones de Aznar. Un partido compuesto por centenares de miles de personas no puede aspirar al asqueroso pensamiento único. Y menos aún comprendo el terror que produjeron las palabras de José María Aznar a los partidos de la oposición. Todos, unos más y otros menos, pero todos, acudieron raudos a consolar a Rajoy. En ese aspecto, José María Aznar resultó vencedor. Aznar atinó en muchas ocasiones y resbaló en otras. El resbalón más contundente, cuando confirmó la ausencia de espíritu democrático en la toma de decisiones de su partido. «Creo que no me equivoqué designando a Rajoy como mi sucesor.» Y yo me pregunto: ¿Quién es Aznar para nombrar sucesor con el dedo? ¿En qué Congreso del Partido Popular se ha aprobado que los presidentes nombren a sus sucesores a su antojo y capricho? Aznar no habla bien, pero expulsa convicción y autoridad. Rajoy es un gran parlamentario, pero le falta el convencimiento de la decisión. Me temo que se dejó pasar una sombra de injusticia. Indirectamente, Aznar responsabilizó a Rajoy de la debilidad del Gobierno de España ante las provocaciones inaceptables de los independentistas. Y tenía toda la razón. Pero a don José María se le olvidó recordar que el proyecto de expansión del Partido Popular en Cataluña se lo cargó él cuando entregó a Pujol, a cambio del apoyo parlamentario en la primera legislatura, en bandeja de plata la cabeza de Alejo Vidal-Quadras. Aznar dijo lo que muchos queríamos oír, pero también hizo en su pasado lo que muchos no queríamos que hiciera. Y como todos los dominadores de la situación, juega caprichosamente con las evidencias y con los olvidos.

Demostrado está que fue un excepcional Presidente del Gobierno durante su primer período. Nos sacó de la ruina, y España se convirtió en una referencia admirable en la política internacional. Montoro le obedeció y bajó los impuestos. En la actualidad, Montoro obedece a quien le manda y los ha subido, masacrando al tejido fundamental de la sociedad, que es la clase media. Se equivoca Rajoy en un aspecto importante. Y se equivoca desde la razón, lo cual es más grave y contradictorio. Rajoy está acertando en su política económica y en pocos años se recogerán los frutos. Pero se equivoca cuando piensa que los españoles deben de ser condenados a esperar, y que los frutos, la cesta de la compra, los gastos mínimos que una familia tiene que efectuar, son problemas acuciantes de mañana, pasado mañana y a finales de cada mes. La macroeconomía no procura las lentejas, ni la leche, ni la luz, ni el agua, ni el gas del día siguiente. Y esta situación angustiosa está enfrentada y herida con la insoportable presión y coacción fiscal que hoy padecen la mayoría de españoles. Los independentistas catalanes saben que mienten cuando afirman que España les roba. A ellos, precisamente, España los mima. Nos roba al resto de los españoles, nos tritura, nos amenaza, nos acosa y nos destruye.

No creo que Aznar estuviera desleal con Rajoy. Cada uno tiene su punto de vista y bueno es que se abra un debate en el seno del partido que gobierna. En el fondo, lo positivo de las palabras de José María Aznar ha sido la importancia que le han concedido los medios de comunicación y sus efectos en las redes sociales. Yo las interpreto como una incitación a la reacción de un Gobierno que no se sabe vender ni tiene la menor idea de comunicarse con la ciudadanía. De un Gobierno que se equivoca manteniendo los grasientos michelines del Estado a costa de la humillación de los que trabajan. Aznar estuvo bien, concreto y directo. Pero subjetivo —lógico—, y olvidadizo. Al fin y al cabo, si no le gusta Rajoy, tiene la obligación moral de amputarse metafóricamente su dedo índice de la mano derecha.

Cataluña y la milicia

1 de junio de 2013

Presenté en Valladolid un libro prodigioso. No figurará jamás en la relación de los libros más vendidos. Y el marco de la presentación, inigualable. El Palacio Real de Valladolid, antigua sede de la Capitanía General, y hoy de la Cuarta SUIGE, que así de raras son en la actualidad las denominaciones militares. En ese Palacio Real, por la influencia del entonces bastante cabrón Duque de Lerma, reinó Felipe III desde 1601 a 1606, interrumpiendo la capitalidad de Madrid. Allí de frente, de golpe, la maravilla de la iglesia de San Pablo, joya sublime de la arquitectura hispanoflamenca, donde se halla la pila bautismal de Felipe II y Felipe IV, el pequeño Rey casi todopoderoso, y el Rey de nuestros Siglos de Oro en la literatura y la pintura, influido en su caso por el también bastante cabrón Conde-Duque de Olivares, que encerró en los fríos sótanos de San Marcos de León a don Francisco de Quevedo por unos versos satíricos.

Un libro tan hermoso sólo se podía presentar en un lugar como aquél y con una audiencia tan abigarrada de españoles decentes. Los militares, encabezados por el general Quintanilla y el general-director de la Academia de Caballería. El texto, ajustado a la grandeza del libro, es de Lucas Molina, también su editor, un romántico de la edición, dueño de una prosa fácil y sintética, así como terrenal compañero de una comandante de Intervención Militar por la cual todos querríamos ser intervenidos. Y los dibujos, bocetos y el gran cuadro que protagonizan la obra, son del gran pintor catalán Augusto Ferrer-Dalmau, un español profundo que, para no sufrir, ha instalado sus melancolías de Barcelona en la Alta Castilla vallisoletana. Escribió Arturo Pérez-Reverte: «Nadie, que yo conozca, pinta en España como Augusto Ferrer-Dalmau, con tanta honradez y ausencia de complejos a la hora de recuperar las imágenes de nuestro largo pasado militar.» Porque Ferrer-Dalmau, como su paisano Josep Cusachs, ha renunciado a glorias efímeras y privilegios que sólo benefician a los ideólogos de la mentira artística, para convertirse en el maestro de la pintura militar. Dos catalanes son los que mejor nos han regalado la estética de nuestra Historia a través de los héroes anónimos que han vestido y visten el uniforme militar. Augusto y Lucas han convivido en Afganistán quince días con nuestros soldados. Y el objetivo final del libro es el gran óleo «La Patrulla», que podrá ser admirado en el Museo del Ejército instalado en el alcázar de Toledo, primer cuadro que se pinta en el sitio de la guerra, con unos soldados que tienen nombre y apellidos, bajo un sol tórrido y en el paisaje más pavoroso del mundo. Porque Afganistán es de una fealdad espeluznante, en su piel de tierra y en su costumbre humana —o inhumana—, y crear tanta belleza y emoción de la fealdad está sólo en manos de los artistas elegidos, y en el caso de Augusto Ferrer-Dalmau, simultáneamente influidos por esos españoles ejemplares que se juegan la vida todos los días y a todas horas en tierras lejanas al amparo de nuestra Bandera para defender a quienes, probablemente, nunca les agradecerán su sacrificio. Eso, un paisaje desolador, un sol insoportable y un ambiente humano grandioso. Más de cien militares españoles han muerto heroicamente en Afganistán, mientras aquí, en España, los imbéciles de siempre desprecian a nuestros soldados.

Lo que han hecho Ferrer-Dalmau y Lucas Molina es depositar en una obra y en un libro el valor y la imagen de los soldados de la España de hoy, que sin ellos quedaría borrada por el olvido del egoísmo y los complejos. Curioso, dos catalanes geniales, Cusachs y Ferrer-Dalmau, sintetizan el arte supremo de la pintura de nuestro pasado y presente militar. Con dos narices, no precisamente narices.

Nuestra bandera

2 de junio de 2013

En cualquier momento se quitarán la careta. Los comunistas odian a España y su unidad. Se sostienen en su falso internacionalismo, pero la realidad es que aborrecen lo español. Cuando influían en la gobernación, metían en las checas de Madrid a los que gritaban ¡Viva España! en lugar de ¡Viva Rusia! No han cambiado. Y no te olvides de un dato. Antes que separatista y terrorista, la ETA ha sido comunista.

Esto —y más— me lo decía apasionada y vehementemente Fernando Arrabal en la biblioteca de *ABC* durante la noche de su «Cavia». Y se ha cumplido su vaticinio. Ya se han quitado la careta. Cayo Lara, el de Argamasilla de Alba, se ha unido con todos los suyos al separatismo catalán. Hágase un repaso de los apoyos que al amparo del PCE o de IU han prestado en los últimos treinta años y tendrá que declararse ingenuo todo aquel que se haya sentido sorprendido por la presumible novedad. Una República Federal y socialista. Lo escribía ayer una inteligente tuitera. «Si todas las autonomías se adelantan y se declaran independientes... sólo Cataluña será España.» Se me ha olvidado recordar el detalle. Fernando Arrabal, el creador del «Teatro Pánico», el genial melillense exiliado en París, fue comunista.

No sé qué bandera nos quieren imponer los de Cayo Lara. En sus manifestaciones abundan las feas tricolores entre las rojas soviéticas. Las segundas ya no tienen sentido porque la URSS desapareció y en Rusia han recuperado la bandera de los Zares. Ahora, cuando ondea al viento una bandera roja la gente se pregunta si será la de Ferrari o la del Banco de Santander. La tricolor tampoco se ha adaptado a las circunstancias. Sería mal recibida por todos los españoles que no fueran castellanos, porque la franja morada sólo representa a Castilla. «No queremos la Bandera que se inventó Franco», decía un imbécil ignaro pocas semanas atrás en una intervención pública. Le cuento. El 28 de mayo de 1785 no había nacido Franco. Las banderas de España, Inglaterra y Francia se confundían en las distancias de la mar. Y Carlos III, que no conoció a Franco, inspirándose en los vivos colores de la Señera del Reino de Aragón, creó la bandera de la Real Armada, que pocos años más tarde se convirtió en la Bandera de todos los españoles, incluidos los constituyentes de la Primera República, que fueron respetuosos con el símbolo común: «Para evitar los inconvenientes y perjuicios, que ha hecho ver la experiencia, puede ocasionar la Bandera Nacional de que usa mi Armada Naval y demás embarcaciones españolas, equivocándose a largas distancias o con vientos calmos con las de otras naciones»... Así principia el Decreto del Rey firmado en Aranjuez un siglo antes del nacimiento de Franco.

Me emociona la recomendación de *La Razón*. Contra los separatismos, la Bandera. Y más aún, en esta semana de las Fuerzas Armadas, los españoles más sacrificados y decentes. En Valladolid, en su Palacio Real, hoy sede militar, junto al claustro, se pueden leer unos versos sencillos, sin pretensiones, grabados en una lápida de mármol que hoy quiero hacer míos: «España somos tú y yo, / y el hogar que nos ampara, / la tumba de nuestros padres / y el jardín de nuestra casa. / España es el cielo azul / que amanece en tu ventana, / y las montañas agrestes / que te velan y te guardan. / España es el limpio orgullo / de la historia de tu raza, / es el incierto futuro / donde pones tu esperanza, / y es tu voluntad de ser / español, cada mañana. / España son tus costumbres / y el idioma en el que hablas, / y el pan de trigo que comes / también es un poco España. / España es el Padrenuestro / que rezas por la mañana, / y el rojo y gualda que pone / ese nudo en tu garganta. / España es el pulso alegre / de tu sangre alborotada, / porque el futuro que es tuyo / también lo será de España. / España es la fe que tienes / en tus padres y en tu casa, / y cuando todos te falten / estará contigo España.»

El políglota

5 de junio de 2013

A sus noventa años, María de Metternich, descendiente del gran político y conspirador vienés, hablaba a la perfección nueve lenguas. El que fuera ayudante de Don Juan de Borbón, Francisco Fernández Núñez, ferrolano, se lo preguntó con admiración: «¿Es cierto que habla usted nueve idiomas?» Y ella, con elegante humildad y prudencia le respondió: «Más que hablarlos, sé callarme en los nueve.» Entre ellos no estaba el catalán, lo cual revelo para que María de Metternich pase a formar parte de la relación de «Enemigos de Cataluña». Sabía callarse en alemán, español, francés, inglés, italiano, portugués, ruso, húngaro y polaco. Y tenía un gran sentido del humor. «Estuve a punto de aprender chino, pero me di cuenta de que para hablar bien el chino, hay que pensar como un chino, y soy vienesa.»

Nuestro nuevo Metternich viene de Brasil, es futbolista y se apellida Neymar. Nada más pisar la española tierra de Barcelona ha soltado una parrafada en correcto catalán. El viaje de San Pablo a Barcelona, con los vientos a favor, dura aproximadamente diez horas, y lo ha hecho acompañado del Comisario de Identidad Nacional del «Barça», que le ha obligado a aprenderse la cosita de memoria. Una humillación para Messi, que lleva diez años en Cataluña y no sabe decir en catalán ni «precioso», o lo que es igual, «preciós», con lo sencillo que es. No del todo satisfecho con su breve parrafada en catalán, Neymar ha manifestado textualmente que se siente más cómodo con el catalán que con el español. «Lo hablo mejor», ha remachado. Manda huevos.

Jornada, por lo tanto, de exaltación catalanista en Barcelona, acto que compensa y equilibra la contienda entre la cara y la cruz. La cara, el dominio del catalán de Neymar, el Metternich paulista. La cruz, obviamente, el nuevo tortazo identitario de Artur Mas y Gabarró, Presidente de la Generalidad de Cataluña, en Europa. No fue recibido, como era su deseo, por el ministro de Defensa de Francia, y lo consolaron firmando un protocolo con una señora de la Unesco con una banderita de España en su honor. El protocolo, más o menos, decía: «Yo, Artur Mas y Gabarró, presidente de la Generalidad de Cataluña, me comprometo a no seguir dando el coñazo en Europa durante unos meses.» Firma y papelera.

De no haber sido por Neymar y su frenético afán por aprender a la perfección el catalán, idioma que le servirá en el futuro en Brasil para instalar una tienda de Monas de Pascua, el día de ayer hubiera sido desolador para el orgullo nacionalista. Un ministro francés que cancela su cita con el Muy Honorable, y una firma protocolaria con la bandera de España como símbolo de cortesía por su condición de representante español. Pero Neymar secó las lágrimas humilladas de los separatistas, y humedeció sus ojos posteriormente con las dulces perlas de la emoción. Nadie esperaba un detalle tan fino y obsequioso. A eso se le llama llegar y besar el santo, o el «sant»», para que Neymar me entienda mejor.

Menos mal que el catalán participa de las raíces latinas del español y el portugués. De haberlo contratado la Real Sociedad de San Sebastián o el Athletic de Bilbao, su alarde políglota habría sido mucho más complicado. Pero ya se ha convertido en el ídolo, en el símbolo del catalanismo que tanto precisa el «Barça». Lo lamento por Messi, que en diez años no ha aprendido ni media patada de ese idioma universal.

Espías generosos

22 de junio de 2013

Intuyo que los populares y los socialistas han renunciado a Cataluña. Entre Pere Navarro y Alicia Sánchez-Camacho se están descarajando en un barranco que no era barranco y que uno y otra se han inventado. La vileza del PSC de no condenar el atentado de Hipercor no merece ni un comentario. Repugnante decisión. Lo del espionaje de la señora Sánchez-Camacho y su acuerdo con los espías a cambio de ochenta mil euros no puede ser tolerado por el Partido Popular. Patadita en el trasero, suave, no dolorosa, pero contundente. Aquel almuerzo con la antigua novia del mayor de los Pujol grabado por la eficiente agencia de espionaje «Método 3» guarda secretos, según se deduce por las actitudes de las espiadas, inconfesables. Razón y derecho le sobran a Jordi Pujol Ferrusola para exigir que Alicia Sánchez-Camacho revele al juez la charlita. Entretanto, el Partido Popular ha ido dejándose en el camino decenas de miles de votos en beneficio de los Ciudadanos de Albert Rivera. Y es lógico. La señora Sánchez-Camacho, que parece una caricatura, pierde votos cada vez que habla, y habla demasiado. Ni Mas ni Junqueras. La independencia de Cataluña sólo será posible si Navarro y Sánchez-Camacho se mantienen en sus responsabilidades, y de momento, no hay señales de cambio en el horizonte.

La representante del Partido Popular en Cataluña no puede canjear la comisión de un delito por ochenta mil euros. Otra cosa es que la grabación con la novia despechada del chico mayor de los Pujol nada tenga de ejemplar. Y es lógico. Cuando dos personas hablan libremente la ejemplaridad desaparece y el chicoleo y los chismes se imponen. Un florero con un micrófono es delictivo. Los espías de «Método 3», que también han trabajado para el «Barça», son eficaces y poderosos. Y generosos también. Solventan sus pestilencias alcanzando acuerdos económicos con los espiados. Por un fajo de billetes corresponsabilizan a sus víctimas del delito cometido. Con independencia del acuerdo entre los espías y una de las espiadas, la Fiscalía tiene que impulsar la investigación del caso.

Ese pacto no puede cumplir sus objetivos, que no son otros que el silencio y la cortina que impide la entrada de la luz en un asunto de corrupción política. Cuando se supo que Alicia Sánchez-Camacho había sido víctima de una grabación comprometida, la propia responsable del desmantelamiento del Partido Popular en Cataluña prometió que llegaría hasta el final. Es probable que haya cumplido su promesa, y que el final consista en un acuerdo económico. Nadie le pidió que explicara lo que ella entendía por «llegar hasta el final». Quizá la culpa sea de los ingenuos que interpretan esas frases contundentes desde la inflexibilidad y el tremendismo. Pero Sánchez-Camacho no es una ciudadana del montón cuya privacidad ha sido violada por unos espías contratados. Es la presidenta en Cataluña del partido político que hoy gobierna en España, y el final no puede ser otro que la exigencia del cumplimiento absoluto de la Ley. Si en esa conversación ilegalmente grabada la señora Sánchez-Camacho no queda del todo bien, que aprenda a ser más prudente, más discreta y más medida en sus palabras. Pero no a costa de la indignidad de convertirse, siendo quien es y lo que representa, en otro florero manipulado.

Con dinero o sin dinero, se tiene que ir.

Nunca vienen solas

1 de julio de 2013

Me refiero a las desgracias. Un inesperado contratiempo a última hora me impidió viajar a Barcelona para asistir al concierto en el «Camp Nou» o «Nou Camp» que tanto monta, monta tanto. Resulta desolador que a última ahora un sueño ansiado, un desplazamiento perfectamente programado desde hace un par de semanas, se desmonte por una contingencia inexcusable. Ayer se celebraban las «Bodas de Lirio» de un matrimonio amigo. Es decir, que cumplían catorce años de feliz unión, y mi gozo en un pozo. Lo supe por la mañana. Una llamada inoportuna. «Hoy celebramos nuestras "Bodas de Lirio". No nos faltes.» En algunos países de la América caribeña le conceden una gran importancia a las «Bodas de Lirio», sin menospreciar a las «Bodas de Rosicler», que se celebran cuando una pareja alcanza sus nueve años y medio de compacta armonía. Y se vinieron hasta Madrid a celebrar el aniversario dejándome sin concierto.

Me había vestido para el supremo acto del «Camp Nou» o «Nou Camp». Así, «casual» de los años sesenta, con una señera cubana a modo de pañuelo, con la estrella de cinco puntas bien visible, para armonizar mejor con el ambiente. Se trataba, además de pedir la independencia de Cataluña, de homenajear a los grandes intérpretes de los tiempos franquistas, como Dyango, la Bonet, la Rosell, Ramoncín y muy especialmente, Peret, que le dedicó al ausente Mas su bellísima y emocionante melodía «Borriquito como tú». Algunos de ellos representaron a España en «Eurovisión» pero lo hicieron obligados, con dos policías entre bambalinas apuntándoles con sus pistolas. Los grandes artistas han sido los héroes de la resistencia en los tiempos de la Dictadura. Gila, que en tantas ocasiones actuó en la recepción de la Granja del 18 de julio, no pudo resistirlo más y huyó de España en busca de la libertad. Se equivocó de sitio, quizá por los nervios de la huida, porque en lugar de elegir una nación libre y democrática, se instaló y triunfó en la Argentina de la Dictadura Militar del general Videla. Después se supo que más que de Franco huyó de su mujer, causante del embargo de sus bienes en España. Pero vuelvo a mi disgusto.

A Peret lo vi actuar en directo en dos efemérides. En una puesta de largo de una March en el palacio de la calle de Miguel Ángel, y en el Real Club de Tenis de San Sebastián. En ninguna de las ocasiones se insinuó su volcán independentista. Tampoco el de Dyango, y de Ramoncín recuerdo que sí, que hubo un tiempo en el que actuaba en los municipios batasunos y al menos demostró valentía para hacerlo. Lógicamente, su sitio estaba en el «Camp Nou» o «Nou Camp» para participar, como el resto de sus compañeros de geriátrico, en el gran concierto independentista.

Se cantaron muchas cosas de Llach, que además de estar presente cobró por sus derechos y fallaron importantes promotores del acto, como Mas, que dejó a Peret sin dedicado en su dedicada canción.

Mis amigos independentistas me han contado que fue muy emocionante, con mucha gente joven en los graderíos, que no en el escenario. Chicas guapísimas de Pedralbes, con un estilazo de aúpa. Y con una bondad sin límites, porque la juventud en España —Cataluña es una demostrada excepción, por lo que se vio el sábado— le ha perdido el respeto a la senectud, y desprecia a los mayores.

Pero todo sea por una Cataluña independiente. Y yo en Madrid, con el billete de avión en la boca y celebrando las «Bodas de Lirio» de Luis Wenceslao y Luna Vanesa. Catastrófico.

El tanque

29 de julio de 2013

Aquellas entradas y salidas de la Audiencia Nacional de un poderoso editor rodeado de una decena de letrados estableció la normalidad del plural en referencia al asesoramiento legal. A partir de aquella imagen, todos los pedorros, miramelindos, zorrillas y putiplatós de los programas de chismes en las cadenas de televisión amenazaban con el poder plural: «Como vuelvas a decir que me he acostado con tu novio, te mando a mis abogados»; «pues no lo retiro. Te has acostado con mi novio, y no me importa nada que me mandes a tus abogados, porque antes te mandaré yo a los míos». Tuve que declarar ante el juez por una querella que me interpuso el cantautor Paco Ibáñez por escribir que en mi opinión, desafinaba, y lo primero que hice fue pedirle disculpas al juez. «Perdón, señoría, pero sólo tengo un abogado.» Y el juez estuvo comprensivo y amabilísimo.

Somos muy de plurales. «España conquista la gloria en los Mundiales de Sudáfrica», proclamaron algunos sesudos periodistas. Al leer u oír tan grandiosa aseveración tuve que preguntarme: ¿cuántos mundiales se han disputado simultáneamente en Sudáfrica y cuál de ellos ha ganado España? Me sentí feliz al saber que sólo se celebraba un Campeonato del Mundo de Fútbol, un Mundial, y que España había sido la selección triunfadora. Como en los Juegos Olímpicos, que sí aceptan el plural, y no «las olimpiadas». «Las mejores olimpiadas de la Historia fueron las de Barcelona.» Curiosa inexactitud, por cuanto la olimpiada no es la celebración deportiva, sino el tiempo que separa unos Juegos Olímpicos de los siguientes. Ahora mismo estamos en plena olimpiada, y cuando se inauguren los Juegos Olímpicos de Londres, la olimpiada dejará de serlo hasta la clausura de los Juegos celebrados. ¿Dónde pasas las Navidades? Si la Navidad conmemora el nacimiento de Jesús, las navidades se referirán a decenas de jesuses nacidos en el corto plazo que separa el 24 de diciembre del 6 de enero del siguiente año.

No creo que la cursilería semántica sea la causa del plural incómodo y desconcertante que ha utilizado en uno de sus escritos el filósofo socialista catalán Josep Ramoneda. Ramoneda, como una mayoría de los socialistas catalanes, sean o no filósofos, se mueve por la cresta de la montaña que da paso al verde, bello y maravilloso valle independentista. No aprueba la sistemática oposición del Gobierno de España al incumplimiento de las leyes y es partidario del amistoso pacto para alcanzar el acuerdo de la dichosa consulta. Profundamente asustado por la cerrazón del Gobierno de España y por su incalificable actitud de respeto por la Constitución y las leyes, Ramoneda se pregunta anímicamente empavorecido: ¿Se atreverá el Gobierno a enviar los tanques a Cataluña?

Hace unos meses, los alcaldes separatistas, nacionalistas o del PSC —puro pleonasmo— de determinada comarca se asustaron excesivamente por el paso de reactores del Ejército del Aire que sobrevolaron sus localidades. Se llevaron a cabo protestas airadas y se diagnosticaron más diarreas en la zona que las reflejadas en la media anual. Se trataba de unas maniobras normales del Ejército del Aire español en el espacio aéreo español, lo cual resulta tan lógico que no puede alterar a una persona reflexiva. Esas maniobras sirven, entre otras cosas, para defender Cataluña de posibles ataques provenientes de un mediterráneo hostil y más cercano de lo que algunos creen. Y en Cataluña están el Ejército de Tierra y la Armada con el mismo objetivo de defensa del territorio nacional.

Me atrevo a responder al minucioso y algo asustadizo filósofo. Sobra el plural. Atienda más a la Historia que a la Filosofía, y repase las acciones militares llevadas a cabo en Cataluña en respuesta a sus deslealtades. El Gobierno no mandará los tanques a Cataluña. Con un tanque, basta y sobra. Veinte guardias civiles desarmaron en la República a miles de Mozos de Escuadra, y los políticos separatistas huyeron por el alcantarillado de la Ciudad Condal. ¿Tanques? No. ¿Un tanque? Sólo si es necesario hacer cumplir las leyes. Pero un tanque antiguo, rescatado de un museo, que haga mucho ruido y dispare poco. Puede estar tranquilo el señor Ramoneda.

Ese tal

31 de julio de 2013

Cuando se ha vivido —y se vive diariamente—, una amistad tan profunda y sin grietas con un genio y un hombre bueno como lo fue y es Antonio Mingote, causa repelús dedicar un artículo a ese tal que publica sus dibujos en el *Punt Avui* que es el *Avui* con el «punt» delante. No me interesa nada. Es como intimar con Mozart o Beethoven y terminar haciendo la cola para asistir a una gala veraniega de Ramoncín. Un contrasentido. Mingote no era un viñetista, sino un editorialista del trazo. El «Picasso de los periódicos» según Francisco Umbral. En sus calendas más «progres», Umbral escribió que lo que más le gustaba del *ABC* eran la grapa y el dibujo de Antonio Mingote. «Querido Paco, muchas gracias en nombre de la grapa», le agradeció Antonio. Me avergüenza descender de las nubes de la genialidad pasmosa a las cloacas del odio local, de la vulgaridad de una aldea supuestamente sentimental y tan deleznablemente habitada. Me refiero a la aldea del nacionalismo, que no a Cataluña.

La pretensión de crear humor no sobrevuela todo ni a todos. La defensa recurre siempre al «animus jocandi». La viñeta de ese tal publicada por el ruinoso *Avui* la mañana siguiente del accidente de Santiago de Compostela es una síntesis de la perversidad humana, o mejor escrito, inhumana. Nadie en el resto de España ofendería con tanta simpleza intelectual a una tragedia en Cataluña. No tengo motivos para conocer la identidad del director del *Avui* con el *Punt* previo, pero intuyo que no puede ser una persona normal.

No me refiero a la censura. Si el director de ese medio se divierte con las viñetas de ese tal, está en su derecho y en su deber de publicarlas. Lo preocupante es que le diviertan, y que después de reír a carcajadas sobre las tumbas de ochenta muertos, llegue a su casa, abrace a sus hijos, haga el amor con su mujer y le proponga posteriormente un crucero de vacaciones con toda la familia. Como no lo conozco, es posible que no tenga mujer ni hijos, pero esto no busca la descripción, sino la imagen. Alguien habrá por ahí a quien quiera y le corresponda, aunque también esa figuración me importe menos que poco, es decir, nada de nada.

No escribo el apellido del pobre y paleto forajido porque conozco a otras personas con el mismo patronímico y no merecen malas confusiones. Son gentes decentes, algunas de ellas sesgadas hacia el nacionalismo sentimental, pero absolutamente respetables. En el funeral de Estado de Santiago estaba Urkullu, pero a Mas le dio pereza volar hacia el Campo de las Estrellas, el núcleo religioso y cultural que principió la unidad de Europa. Todo lo que piensan, solicitan y resuelven resulta profundamente antipático. No obstante, ellos son las víctimas, los agraviados, los conquistados, los desfavorecidos. Esta mandanga permanente es quizá la que ha llevado a ese tal a dibujar y publicar su infame viñeta. La viñeta de su vileza y de su popularidad, porque muchos no se han resistido a felicitarlo, empezando por su director.

Porque esa viñeta insultante, odiosa y amoral no es sólo el dibujo y la gracia de un imbécil que en su soledad es capaz de idear semejante porquería. Es el resumen y la exposición de una degradación colectiva que ha devorado el sentido común, cívico, cultural y humano de una considerable proporción de ciudadanos en Cataluña. No se trata de criticar a un necio. El necio nada importa ni afecta ni influye. Pasan de ahí a preguntar si van a mandar los de «Madrit» los tanques. Fue siempre la ilusión de la ETA. Que el Ejército actuara, como hizo el británico en Irlanda del Norte. Pero con decenas de militares, guardias civiles, representantes del pueblo, buenas gentes de la calle y niños asesinados, «Madrit» combatió el terrorismo con las Fuerzas de Seguridad del Estado, y lo mismo hará con el separatismo violento que algunos sueñan. «Madrit» para el separatismo catalán es el resto de España, que nadie se confunda.

Pero el odio autosembrado ha florecido y está en el ambiente. De otra manera no sería concebible un dibujo como el que ese tal, regodeándose de sangre, ha publicado en un diario que vive gracias a las subvenciones.

La cadena fofa

6 de agosto de 2013

Practiqué en mi juventud más deporte del necesario. Modestia aparte, fui bastante bueno en el fútbol y pasable en el tenis. No soy de gimnasios. A mi desvencijada edad, no obstante, puedo presumir de un cuerpo alejado del desmoronamiento. En los veranos, juego a los bolos montañeses, bastante mal por cierto, pero con una dedicación y afición desmesuradas. Tengo la suerte de poseer las bolas de tres grandes de este fabuloso deporte, de tres campeones de España, Fidel Linares, Rafael Fuentecilla y Jesús Salmón, y son bolas enseñadas que derriban bolos a pesar de mi falta de tino. Y soy poderoso al máximo. Paseo por la playa con sombrero y camisa, porque mi piel y el sol, según me han comentado los médicos, no terminan de entenderse. Si el sol me alcanza, me pongo como una quisquilla cocida, muy colorado, y a mí el rojo siempre me ha sentado muy mal, en todos los sentidos. Vuelvo al pudor. No me fijo en los cuerpos masculinos, que me importan un bledo por no escribir que un pito que resulta, quizá, más adecuado. Y me encanta la estética de una mujer bien hecha. Creo que ante la belleza, el pudor no debe existir. Lo malo es que se desnudan las menos apropiadas para ello y se cubren los juncos más airosos. Ahora, en Cataluña, han organizado una cadena de independentistas en porretas con resultado devastador. Además de impúdicos, son feísimos de cuerpo, fofos de carnestolendas y bastante mayores. Entiendo y aplaudo el desnudo en público de la belleza. Pero pedir la independencia en las playas mediante la degradación corporal, se me antoja, amén de una cochinada, un adelantado fracaso.

De ser un independista catalán con influencias, haría lo posible por romper la cadena playera. Los que van a la playa a bañarse y pasar un día de sol y mar, apenas reparan en esos deterioros en pelotas con señeras estrelladas. Los documentos gráficos analizados no dejan lugar a la duda. Un tipo gordo, con un pirulí del tamaño de una bellota, sostiene con orgullo la pancarta «Catalunya is not Spain», mientras el resto de los descobijados y exhibidos creen estar protagonizando un momento glorioso de la historia de Cataluña. Y la gente no se fija en ellos porque no son agradables de ver ni de mirar. Sigue a lo suyo, sin afectarle en demasía la barrera empelotada que se mantiene heroica en la orilla, ajena al monumental ridículo que llevan a cabo. Eso sí, hay que reconocer en justicia que es una manera pacífica de pedir la independencia de Cataluña. Los espectáculos no siempre tienen que ser estéticos. Basta y sobra con que sean espectáculos, y la cadena en bolandris de los afanosos secesionistas no deja de ser un llamativo impulso hacia la consecución de la utopía. No obstante, para alcanzar un éxito algo más notable, hubiera sido conveniente hacer un «casting» previo al despelote patriótico, eligiendo una representación más acorde con el nivel de vida y de estética que predomina en las provincias catalanas. Va a resultar que las mujeres de Cataluña armónicas y admirables —en lo que a sus cuerpos se refiere—, o no son independentistas o no quieren desnudarse, y que sólo se han presentado los saldos y las sobras. Y lo mismo podría haber sucedido con los hombres, aunque en su caso, me hayan alimentado el optimismo al confirmarme con sus entrepierniles que no todo en la vida de un ejemplar masculino es el tamaño, sino también los ideales y las reivindicaciones.

Entiendo que puedo causar algún quebranto y resultar irritante con la apreciación que sigue a esta amable conclusión. Me hallo en el tramo de la despedida vital, del otoño sin detenimiento, de la melancolía rocaciana del desaparecer. Pero estoy mucho mejor desnudo que los independentistas catalanes que han encadenado sus vergüencillas en la orilla de la playa de Cala Estreta de Palamós. Es posible que en otra playa, otra cadena de despelotados desautorice mi opinión, que por parcial y subjetiva, tampoco merece demasiado la pena.

Pero Cataluña desnuda no es como el desnudo de sus independentistas. Ahí no admito la discusión.

Chorrada

12 de agosto de 2013

Me parece bien que, dentro de la legalidad, España dificulte el agradable pasar de los gibraltareños. Ellos, fuera de la legalidad, están dificultando la vida de nuestros pescadores. Gibraltar no merece una guerra, sino un mamotreto de incordios. Hay que incordiar. España y el Reino Unido son Estados amigos y aliados y lo de la «Royal Navy» y su despliegue es un asunto pactado desde meses atrás. Aunque los más exagerados se refieran a una «peligrosa situación», lo único que puede suceder si los ingleses insisten en lanzar bloques de hormigón a los fondos marinos españoles es que los gibraltareños, en lugar de cuatro horas, necesiten siete para llegar a sus apartamentos o chalés de Sotogrande. Y otras siete para volver a Gibraltar, allí a la vista, que en los días claros y sin calima se pueden apreciar sin dificultad los rabos de las monas. Se trata de poner piedras en el camino que asfaltaron a costa de los españoles Moratinos y Trinidad Jiménez, a la que yo felicité hace un par de días por su boda y lo hago nuevamente con muchísimo gusto.

Se dice que Picardo, el que manda en Gibraltar, va a ser invitado de honor en la septembrina «Diada», que es un día rarísimo por lo mucho que se enfadan los que lo celebran. Si Picardo viaja en coche desde Gibraltar a Barcelona, tendrá que añadir a las nueve horas del viaje por carretera, las siete imprescindibles para cruzar la frontera entre España y la colonia. Le recomiendo un vuelo Gibraltar-Londres, para allí embarcar el primero que se dirija a Barcelona, en cuyo aeropuerto del Prat le esperará alguien con toda seguridad. Todo menos que lo confundan y sea tratado como un andaluz cualquiera, aunque todo es posible, porque en la «Diada» los catalanes se ponen de muy mal humor, y ya me explicarán algún día los motivos de su crispación patriótica. Me refiero a los celebrantes, no a los que hacen su vida normal, se quedan en sus casas, pasean a sus niños, comen en los restaurantes y cafeterías y por la tarde van al cine, que son una abrumadora mayoría.

Por mi parte, me declaro feliz por la invitación a Picardo. Se trataría de un nuevo paso hacia la independencia o una aproximación del separatismo catalán a un «status» de colonia. Colonia francesa, colonia inglesa o colonia valenciana, que está al ladito. Solución inteligente. Cataluña se separa de España y se convierte en colonia de Valencia. Y como Valencia no tiene la menor aspiración de desgajarse de España, Cataluña continúa formando parte del mapa en su condición de colonia valenciana. En «El Rey» de Ionesco se pueden sacar ideas al respecto. En un lío de herencias, uno de los hermanos que heredó parte de un proindiviso que sin dividir era un hermoso campo de mil hectáreas, decidió independizarse de sus catorce hermanos. Mil hectáreas divididas entre catorce pasan de considerarse un hermoso campo a convertirse en un campo parcelado. Los trece hermanos agraviados decidieron incordiar al escisionista. El hermano díscolo había vallado su propiedad, y los hermanos por la noche movían la valla un par de metros, de tal modo, que al cabo de seis meses al separatista sólo le quedaban una encina. Finalmente aceptó la situación familiar y compartió con sus hermanos una prodigiosa dehesa con una ganadería de cerdos ibéricos muy reclamados por el mercado. Los catalanes separatistas, con la inestimable ayuda de los socialistas y comunistas valencianos, llevan años intentando colonizar el Reino de Valencia. Si los valencianos que se sienten españoles hasta la médula —mayoría absoluta— reaccionaran como los hermanos de la dehesa, el asunto quedaría zanjado en muy pocos años, y en lugar de la murga de los Países Catalanes nos toparíamos con unos Países Valencianos españolísimos, con Valencia de capital y Barcelona, sede de su condado. Sin olvidar a los aragoneses, que también tienen sus derechos, como lo demuestran la segunda equipación del «Barça».

En fin, que me he ido por los cerros de Úbeda. Y lo malo es que no tengo espacio para descender porque carezco del espacio suficiente. Una chorrada de artículo, tan grande como la de invitar a Picardo a la malhumorada «Diada» de septiembre.

El Cit

13 de agosto de 2013

El CIT puede ser muchas cosas. El Centro Internacional de Turismo, la Corporación Interautonómica de Taxis, la Cooperativa de Indígenas de Tamaulipas, e incluso la Compañía Infractora de Tributos. Puede ser también la Coalición Islandesa de Trucheros y la Comunidad de Inspectores de Tambores. Un individuo, cuyo nombre y apellidos respondan a Cipriano Iñurramendi Toledo, tiene todo el derecho del mundo a firmar de manera abreviada «CIT», y similar derecho lo detentan quienes se llamen Candelaria Iñíguez Tablada, Consolación Idiáquez Tindermans o Carmelo Irisarri Tassot. Se me olvidaba el Consejo Insolidario de Trabajadores, que no creo que exista porque para eso están Comisiones Obreras y la UGT. El presidente honorario de la Confederación Internacional de Tajados me ruega encarecidamente que no revele su identidad, ruego que no puedo atender porque también es CIT. Además de presidente de la Confederación Internacional de Tajados, se trata del Conde de Islas Tórridas, y eso hay que publicarlo aunque moleste y desacredite al noble mencionado. En ocasiones, esto de escribir es ocupación áspera y clara con riesgo a la pérdida de alguna amistad. Pero sucede que lo del conde es insuperable. Porque su nombre de pila y sus dos rimbombantes apellidos responden a Cristián Ibarrola Templario, y conforma tres CIT en una sola persona. Un CIT en versión triple, y por tan sencilla razón, del todo admirable.

Me han interesado sobremanera las conclusiones históricas a las que han llegado, después de décadas de agotador estudio, los eximios historiadores de la «Nova Historia de Catalunya». El mismo y propio Jordi Pujol —me refiero al papá— se ha mostrado feliz con los hallazgos, al fin puestos a disposición de la cultura. Que «El Ingenioso Hidalgo Don Quijote de La Mancha» lo escribió Cervantes en catalán, y que catalán fue, y no otra cosa, don Cristóbal Colón. Los argumentos son contundentes y aquel que pretenda ponerlos en duda es, sin duda, un enemigo de Cataluña. Cristóbal Colón —a partir de ahora «Coló»— no emprendió su gesta océana gracias a la financiación de Isabel de Castilla y Fernando de Aragón. Lo hizo apoyado por «La Cabra», y hay papeles que lo demuestran. Y partió del litoral catalán en pos de la gloria, y no desde la onubense Palos, como creemos los ignorantes, con sus tres carabelas «La Moreneta», «La Pinta» —aquí se da una curiosa coincidencia histórica— y «La Nena». Y en lo que respecta a Cervantes, lo que nos temíamos. Don Miguel, por fastidiar a sus coetáneos Quevedo, Góngora y demás mastuerzos monolingües, aprendió el catalán en Alcalá de Henares y escribió su obra magna, que lo es de la humanidad entera, en un idioma creciente como el catalán y no en trance de desaparición, como era el español del Siglo de Oro. Ni en «Planeta», ni en «Plaza y Janés», ni en «Tusquets» consideraron que era obra interesante, y tuvo que conformarse con la amable disposición del impresor barcelonés Joan Cucurull, que se hizo cargo del «Quijote», pero sin adelantarle el correspondiente anticipo. Y aquello fue un fracaso, y de los gordos.

    Lo anteriormente expuesto con disfraz de obligada brevedad es rigurosamente cierto. Y ahora, los historiadores de la «Nova Historia de Catalunya», nos regalan un nuevo descubrimiento, que deja pequeño al de «Coló» de las Américas. El Cid también era catalán. El «Cit», y de ahí el título del presente texto. El «Senyor Rodri Dolz de Vivá», al que los burgaleses, que siempre han sido muy caprichosos, tradujeron por Rodrigo Díaz de Vivar para oscurecer las claridades obvias de nuestras Historia común. Es más, todavía hoy, a pocos kilómetros de Burgos y en la carretera que lleva a Sotopalacios, Ubierna y Santander, se ubica una pequeña localidad con el topónimo de «Vivar del Cid», una agresión a Cataluña que no puede ser pasada por alto. Rodri Dolz de Vivá casó con la senyora Montse Pallaró, no tuvo hijas, jamás pisó Burgos, a ningún Rey exigió juramento, y nunca sufrió las penas del exilio. Y cuando le pidieron que formara parte de las tropas catalanas que reconquistaron Valencia, el «Cit» fue conciso y bastante cortante. «El "Cit" sólo reacciona si está en peligro la soberanía de Cataluña.»

La Historia, en ocasiones, cambia de rumbo y pasado cuando auténticos historiadores se ponen a ello. Así que ya lo saben.

Chinos y Ben Yussuf

28 de agosto de 2013

Creo que fue Samuel Bronston el productor de la película «El Cid», cuyos protagonistas son Charlton Heston y Sofia Loren. Bronston tiró la casa por la ventana y no reparó en gustos. La defensa de Valencia contra el temible ejército de Ben Yussuf fue consecuencia de una inteligente oferta de participación a decenas de miles de extras que creyeron pasar a la posteridad por participar gratuitamente en el rodaje. Bronston no pagó a los extras, pero mandó confeccionar más de 50.000 chilabas negras con sus respectivos turbantes para los ardientes seguidores de Yussuf, que aparecía como el moro más malísimo de todos los moros de aquella época. El Cid muerto, atado a su caballo, pasó por encima de Ben Yussuf y Valencia quedó, al fin, en poder de los españoles. La película «El Cid» ha cumplido los cincuenta y cinco años, y vaya usted a saber dónde estarán los cincuenta mil extras que se ofrecieron a cambio de nada por combatir al gran señor de Castilla. Los tiempos han cambiado y en la actualidad los extras cobran y hay que alimentarlos.

Están preocupados los de ERC por la participación voluntaria para formar parte de esa tontería de cadena humana que se va a montar en la «Diada». Los extras del ejército de Ben Yussuf están, en su mayoría, criando malvas y los organizadores del histórico evento sudan la gota gorda en pos de patriotas encadenables. Los hay que se van a encadenar en pelotas, y eso concede a la fiesta un cierto atractivo, siempre que los despelotados no sean los mismos que ensayaron recientemente en una playa de Gerona, mostrando sus cuerpos en trance de desmoronamiento inmediato. Cataluña en sus gentes, es infinitamente más guapa y estética que los elegidos por la organización. Mejor, vestidos con la segunda equitación del «Barça» en señal de respeto histórico a la Corona de Aragón, que en Zaragoza se agradecen mucho esos detalles.

Los organizadores del grandioso espectáculo empiezan a dudar del éxito, y se recorren Cataluña para captar participantes. Los catalanes separatistas lo harán gratis, como los guerreros de Ben Yussuf, pero ha principado la picaresca. He sabido que la cotización por eslabón de la cadena a los mercenarios dispuestos a participar ha alcanzado la estimable cantidad de cincuenta euros, y que las arcas de la Generalidad pueden soportar ofertas superiores. Aun así, tampoco está asegurado el cierre de la cadena humana y van a tener que echar mano los organizadores a dirigentes de UGT, CC.OO., el PSC y a socios del «Barça» para alcanzar una culminación de aparente dignidad. Porque una cadena que no se cierra no sirve para nada y queda chunguísima.

No me ofrezco a participar en ella, a ser un eslabón más del gran proyecto independentista, porque no tengo el carné de arraigo que se precisa para intervenir. En mi casa se consumen muchos productos catalanes, pero no puedo demostrarlo. De cuando en cuando, me confeccionan las «tebas» en Bel y Cía, sito en el Paseo de Gracia, que hacen las mejores «tebas» de España. Su creador, don Carlos Mitjans y Fitz-James Stuart, conde de Teba, sólo las usaba de Bel y Cía, que tiene en sus archivos los datos y medidas de casi todos los cazadores de Madrid, Sevilla, Jerez, Bilbao y Toledo. Si ello sirve y la Generalidad me aporta cincuenta euros, me pensaré ser parte de la cadena, renunciando a mi compromiso adquirido previamente para el día de la «Diada», que no es otro que el Campeonato de Canicas sobre Grava de Candeleda, cuyo título defiendo. Pero estoy dispuesto a no jugar a las canicas si la Generalidad me concede el carné de arraigo en Cataluña por mis «tebas» de Bel.

Recomiendo a la organización que piense en los chinos. No en el juego, sino en los naturales de China. Decenas de miles de ellos se han instalado en Cataluña, son disciplinados, resistentes y agradecidos a su manera. Con diez mil chinos mezclados en la cadena se podría conseguir una longitud independentista más que razonable, pero no les obliguen a hablar en catalán, ni a bailar la sardana, ni a darse un jardazo desde la torre de un castillo humano, porque los chinos son muy suyos y sus reacciones casi siempre se escapan de lo previsto. Otra cosa es que los observadores europeos y enviados especiales trinquen la triquiñuela y se roce el ridículo. Pero la independencia demanda riesgo, y si hay que hacer a diez mil chinos catalanes independentistas de toda la vida, pues se hace y ya está. Todo por la causa.

Vuelta atrás

8 de septiembre de 2013

Sabino Arana fundó el «bizcaitarrismo». Se casó, y eligió Lourdes para su viaje de novios. El «bizcaitarrismo» dejaba de lado a guipuzcoanos y alaveses. No hubo milagro en Lourdes. Escribió «Bizcaya para la independencia», y su hermano Luis, que era el listo de la familia, el que cambió los colores de la «Unión Jack» para crear la «ikurriña» —traducción original: La banderita, la pequeña bandera—, le animó a que fuera más generoso con los vascos de Guipúzcoa y de Álava. El retorno de Lourdes fue triste y pesaroso. Ella volvió intacta. Arana consideraba a los donostiarras unos afrancesados, liberales y para colmo, monárquicos. Y a los alaveses les decía «los burgaleses», como si ser natural de la Alta Castilla y de Burgos fuera despreciable. El ilustre hijo de Abando, anteiglesia de Bilbao, abrió al fin los brazos a los hermanos de Guipúzcoa y de Álava, y el «bizcaitarrismo» se convirtió en un nacionalismo áspero y racista con escaso éxito en sus principios. Ella se mantuvo intacta porque la castidad de su esposo abrumaba sus impulsos. Cuando el delicado estado de salud del fundador del nacionalismo le anunció la visita de la muerte, Arana se desdijo, reconoció sus errores y se convirtió al «españolismo». Difícil encontrar sus textos manuscritos de aquellos tiempos finales, celosamente guardados en los archivos de «Sabin Etxea», «La Casa de Sabino», sede y solar del Partido Nacionalista Vasco. Murió mirando a España y su esposa, del afligido luto pasó en pocos meses al alivio del luto, de ahí al olvido del luto, y del olvido a casarse con un señor que no se la llevó a Lourdes al viaje de novios, porque funcionaba bastante bien sin necesidad de milagros.

Hoy, la fuerza del nacionalismo vasco es innegable. Y se ha dividido en dos bandos, aunque en ocasiones unos se confundan con los otros. Está el nacionalismo burgués y cristiano que no mata pero cierra los ojos cuando le conviene, y el nacionalismo terrorista que no se avergüenza de la sangre inocente derramada y gracias al Gobierno del PSOE, a seis magistrado obedientes del Tribunal Constitucional y a la pasividad pasmosa del Gobierno de Rajoy, gobierna en centenares de municipios con San Sebastián a la cabeza. Negar la influencia, poder y expansión del nacionalismo vasco es de cretinos. Y ahí aparece la figura de Javier Arzallus, jesuita, capellán durante años de la Embajada de España en Bonn, oficiante devoto de la Santa Misa el 18 de julio en la residencia del embajador, hijo de un españolazo y conductor del general Solchaga, inteligente, directo y gran predicador. Colgó la sotana y tomó la munición de la homilía en las campas abiertas. Jugó a tres bandas. Ante la Corona, como garante del respeto al Señor de Vizcaya. Ante los suyos, como maestro de la ambigüedad sacristana, y ante los terroristas, como su jefe oculto, animándolos a menear los árboles para recoger sus frutos. Sus frutos eran los muertos, obviamente. Engañó a Suárez, Calvo Sotelo, González y Aznar. El primero que lo caló fue Sabino Fernández Campos. Pero fue fundamental para fortalecer el nacionalismo. Manejó a Ardanza, hombre de buena voluntad, a Ibarreche, todo lo contrario, y no creo que a Urkullu, que parece infinitamente más discreto e inteligente que el Mas catalán aunque en ocasiones decepcione con sus distancias. Pero, oponiéndose a ellas, sabe respetar las Instituciones del Reino y no ha compartido los delirios del tendero.

Opino como muchos. Que sería muy bueno para España que un catalán o un vasco alcanzaran la presidencia del

Gobierno. Ahí estuvo Roca, y ahí también Duran Lleida. Pero un vasco o un catalán sin restricciones geográficas. El ex Presidente del Parlamento Europeo, ex candidato socialista y ex ministro de Felipe González, el catalán Josep Borrell, ha declarado que «ni vizcaínos ni catalanes están vetados como futuros inquilinos de La Moncloa». Por supuesto que no están vetados. Pero Borrell, como antaño Sabino Arana, ha vetado a los guipuzcoanos y los alaveses, y a eso se le llama dar una vuelta hacia atrás. Vascos y catalanes para gobernar en España. Sencillamente. Y que alguno lo haga con prontitud y democráticamente, claro.

Cuidado con los bolsos

11 de septiembre de 2013

El tertuliano de «Intereconomía» Diego Cañamero, que según el nuevo director de informativos de la cadena «tiene la cabeza muy bien amueblada», está camino de Barcelona para formar parte del tostón de la cadena independentista. El Coronil no está en Cataluña, pero todo lo que sea perjudicar a la unidad de España es objetivo prioritario del extravagante comunismo español. Si el eximio tertuliano considera que su deber es participar en la cadena humana, le sobran derechos para hacerlo. Extraña ese catalanismo tan hondo y arraigado en un andaluz. Extremeños y andaluces llevan años padeciendo los desprecios de los independentistas catalanes, que los han tildado de gorrones, vagos, folclóricos y ladrones del dinero que produce Cataluña. No obstante, es probable que Cañamero no se haya enterado, porque la libertad no obliga a informarse con el debido rigor. Para que no acuda en solitario al clamoroso evento encadenado, le sugiero que se lleve a su camarada, el tonto de Mijas, el de la «Vía Romana», con el fin de que se divierta durante la aburrida formación de la cadena. Y una advertencia a los independentistas que participen en la magna hazaña. Las carteras y los bolsos, en casa, a buen recaudo. Y si me apuran, también los bocadillos de butifarra, de salchichón de Vic y de fuet de marca. Los niños sin mochilas ni chuches ni útiles escolares. Cañamero es reincidente en la apropiación de bienes ajenos, y sabedor de que sus delitos no son perseguidos por el Ministerio del Interior ni sancionados por los jueces, es capaz de quedarse con lo que se le ponga a mano, lo que sea, que la cabra tira al monte, el jabalí a la dehesa, el zorro al gallinero, el colibrí a la flor y el comunista del SAT al bien ajeno. Después, que no nos vengan Mas, Oriol Junqueras, la Rahola, el presidente del «Barça» y Guardiola desde Munich con la eterna y humillante retahíla de que los andaluces roban a los catalanes. Si han invitado a Cañamero, allá ellos con las consecuencias que se deriven de la invitación, pero dejen en paz a Andalucía, que nada tiene que ver en este lamentable asunto. Y si le aburre la exclusiva compañía del tonto de Mijas, puede llevarse también a la gorda del carrito, que es un fenómeno, capaz de robar todas las «estelas» y derrapar con ellas a cuestas por los chaflanes del Ensanche.

Es de esperar, que después de agradecerle el gesto y la incomodidad del viaje, el consejero de Interior del Gobierno de la Generalidad, sitúe a una pareja de Mozos de Escuadra en los aledaños del eslabón formado por Cañamero y compañía. Es mejor prevenir que curar. Quien no padece incomodidades después de cometer delitos continuados se acostumbra malamente al respeto por las leyes. Y Cañamero, el eximio tertuliano, está inmerso en esa sensación placentera que concede la inmunidad. Nada, que se le antoja la boina de un policía autonómico, y el policía se queda sin boina y santas pascuas.

Aguardo con enorme expectación el desarrollo de la cursilería encadenada. Creo que todo español tiene derecho a divertirse como le apetezca, y si la diversión consiste en formar una cadena muy larga, larguísima, y retornar al hogar con la satisfacción del deber cumplido y el gozo culminado, a nadie puede herir ni molestar semejante afición. Pero no lo olviden. Estará el tertuliano Cañamero. Los bolsos y las carteras en casa, bien camufladas entre las barretinas y las banderas del «Barça».

El árbol podrido

14 de septiembre de 2013

La izquierda en España es antiespañola. La Derecha en España es cobarde y acomplejada. Hoy no puede defenderse, pero todo viene de la inseguridad de los conversos, y Adolfo Suárez, con la mejor voluntad del mundo, principió a permitir el podrimiento del gran árbol que hoy sólo ofrece frutos putrefactos. En España, no se respeta una Constitución votada abrumadoramente por los españoles ni se obliga a cumplir las leyes como en todo Estado de Derecho. Somos todos los españoles los sujetos constituyentes, no sólo los violadores de nuestra unidad. Por leer un artículo de la Constitución un gran general fue arrestado y destituido por golpista. Rajoy es el Presidente del Gobierno con el apoyo de una mayoría absoluta de los votantes. No votamos a Rajoy para que permitiera el constante insulto a nuestros símbolos e instituciones. No votamos a Rajoy para que liberara a terroristas sanguinarios. No votamos a Rajoy para que nos subiera los impuestos. No votamos a Rajoy para que permitiera la chulería independentista catalana. No votamos a Rajoy para que negociara con el cónsul en Cataluña dineros y ventajas a espaldas del parlamento. No votamos a Rajoy para que permanezca callado ante una agresión violenta contra España como la que se produjo el pasado 11 de septiembre en Cataluña. Cuatrocientos mil catalanes independentistas no pueden callar a seis millones de catalanes que no lo son. Pero las imágenes difundidas al mundo son elocuentes. Y no se han compensado con una imagen de firmeza de nuestro Gobierno, acomplejado, desnortado, asustado, y aparentemente vencido. No se trata de dar un golpe en la mesa. No se trata de precipitarse en la adopción de medidas perfectamente legales que puedan interpretarse como coactivas. Coacción, la de los que dicen amar a una supuesta e imaginaria nación sustentados por el odio y el desprecio hacia el resto de los españoles. Se trata de hacer cumplir las leyes sin complejo alguno, porque las leyes están escritas. Se trata de cumplir y hacer cumplir con la Constitución, que está al alcance de todos y cuya lectura es tan sencilla como recomendable. En Cataluña se han inventado muchas cosas, y los inventos y las mentiras son hoy, para los jóvenes y niños catalanes, magistrales lecciones de Historia. Que hubo una guerra de Secesión, cuando no fue otra cosa que una guerra de Sucesión. Los catalanes que apoyaron a Felipe V eran tan españoles como los que se decantaron por el Archiduque Carlos. Rafael Casanova fue un patriota español, cuando serlo no estaba mal visto. La Bandera de España no se la inventó Franco. Aprovechando la brillantez de los colores de la Señera del reino de Aragón, Carlos III creó la Bandera de su Armada, quien posteriormente pasó a ser la de todos los españoles. Cataluña jamás ha sido una nación independiente. Cataluña no es Escocia, ni Irlanda. El idioma catalán, siempre moderno y actualizado, fue estúpida y muy moderadamente rechazado por el franquismo, pero la clase media catalana nunca dejó de hablarlo. Cataluña no es sólo la perfecta organización pagada por el Estado a destruir que reúne a quinientos mil independentistas. Cataluña es también la callada, la silenciosa. La que no se manifiesta y la que desea ser libre sin amenazas ni coacciones. Una Cataluña mucho más numerosa que la tribal de las estrelladas. Para ello es fundamental que los gobernantes defiendan a sus gobernados pacíficos en perjuicio de los chantajistas y los mentirosos.

Con esta izquierda vamos al abismo. Con los nacionalismos independentistas al caos. Con la Derecha al ridículo. No hemos votado a Rajoy para que su volumen de la Constitución duerma cerrado sobre la mesa de su despacho.

Menores en riesgo

15 de septiembre de 2013

No se trata de enredar y enmarañar aún más la situación. Me mueven un impulso hermano y una pregunta que llevo muchos años formulándome y no he podido responderme. Carezco de responsabilidad en la respuesta y siempre quedo insatisfecho. No soporto la utilización de los niños para cualquier fin. Menos aún si esa utilización conlleva riesgos evidentes. La vida o la integridad de un niño no pueden someterse a la cultura del folclore o la bestialidad de un festejo. En Cataluña han decidido que los toros son sagrados e intocables. Pero simultáneamente, en todas sus fiestas locales montan unos castillos humanos por el que ascienden unos niños que no siempre descienden con el orden y la seguridad garantizados. Ese niño que culmina la torre se está jugando la vida, y muchos han caído desde la atalaya de la torre festiva sin que nadie, en Cataluña, haya protestado por ello. De ser un ternero, un cabrito o un lechón el último de la torre, ya habrían los defensores del toro bravo puesto su grito en el cielo. Al ser un niño, que se estampe contra el suelo, se pegue el morrón y a seguir con la secular tradición de esa cosa tan tonta.

Todos los años hay algún caso de fallecimiento por formar parte de ese castillo humano e inhumano, ese castillo de circo, que tanto emociona al localismo catalán. La cabra que se lanzaba brutalmente del campanario para facilitar las risotadas de encías bestiales de algún lugareño ya no se lanza. Los gansos que sufrían en algún pueblo del País Vasco la amputación de su cabeza a manos de los aguerridos mozos han pasado a la historia de nuestra inmundicia festiva. Soy aficionado, y siempre lo seré, al arte de la tauromaquia, al encuentro en la soledad del ruedo del hombre y el toro para alcanzar la belleza en la cercanía de la muerte. Los poetas, los escritores, músicos, pintores y escultores más relevantes del mundo llevan siglos inspirándose en esa soledad para crear arte. No conozco ningún poema, texto, escultura, pintura, dibujo o composición musical que se inspiren en la muerte de un niño que cae desde la altura por un desajuste en su equilibrio o una imprudencia en los que sostienen su pequeño cuerpo arriesgado. Eso no es cultura, ni tradición, ni motivo de fiesta y algarabía. Es, sencillamente, una degradación de la ética y la estética, un delito no perseguido y una imprudencia de insostenible defensa. Aborrezco el sacrificio del toro perseguido por una multitud. Me refiero al Toro de la Vega de las fiestas de Tordesillas, o a los toros con los pitones encendidos de Cataluña y otras zonas de España. Me disgusta sobremanera y me sorprende que haya sido declarada Fiesta de Interés Nacional la llamada Tomatina de Buñol. Las cabras están tranquilas y los gansos con sus cabezas en su sitio, pero a los niños que trepan por un castillo humano hasta alcanzar las más altas almenas, que los parta un rayo. Ellos y su riesgo son «cultura», y si caen, fallecen o quedan inválidos por el trompazo, que nadie ose protestar, porque no son víctimas, sino héroes de la cultura popular catalana, la misma cultura que defiende al toro de lidia y se olvida de sus niños sometidos al riesgo.

En los circos, ya no vuelan los menores de trapecio en trapecio, ni ayudan los menores a humillar a los elefantes, ni están los menores en el grupo de los saltimbanquis. Es delito utilizar a los menores para pedir dinero en las esquinas de las calles o abusar de ellos en trabajos y ocupaciones camuflados en el abuso. La intimidad de un menor es sagrada, y su rostro se desdibuja en los documentos gráficos. Me niego a usar la voz «pixelar», que se me antoja borronosa. La vida, la integridad y la salud de los niños son exigencias irrenunciables de la sociedad, aunque los niños sin defensa que no han conocido aún la luz puedan ser asesinados en las clínicas pujantes abortivas. Es otro el motivo de este escrito. No puede considerarse una sociedad culta la que celebra sus fiestas arriesgando la vida y la integridad física de sus niños. Esos castillos humanos reclaman la prohibición inmediata. Que formen sus cimientos y sus atalayas mayores de edad, y si quieren darse el morrón, que se lo den. Pero que respeten a los niños, pobres juguetes rotos que ponen en peligro su futuro y sus vidas para emocionar a una multitud de butifarras.

Mi carta

17 de septiembre de 2013

Mas no me ha escrito. Le envió una misiva interminable al Presidente del Gobierno. La respuesta de Rajoy, mucho más medida y conciliadora, me ha decepcionado. Nadie puede estar «plenamente comprometido con el diálogo» cuando el guión del diálogo está inmerso en la más plena ilegalidad. «El diálogo no tiene fecha de caducidad.» La tiene. En el momento en el que tal diálogo no puede dar más de sí sin caer en la complicidad, el diálogo caduca. No se puede invitar a ejercer responsablemente nada a quien ha demostrado, con sus desplantes, sus chulerías, sus derroches y sus palabras la más lacerante y absoluta irresponsabilidad. No de puede escribir en español una carta y hablar de la «Generalitat» sin caer en la más elemental cursilería. El Muy Honorable José Tarradellas, presidente de la Generalidad de Cataluña, se refería a la «Generalidad» cuando hablaba español y «Generalitat» cuando lo hacía en catalán. Es de esperar que el señor Rajoy, cuando le pregunta a un amigo «¿qué tal te ha ido por Londres?», no le diga «¿qué tal te ha ido por London?». No me considero representado en esa carta de respuesta, y con todos mis respetos, me permito en mi nombre y el de parte de mi familia a escribir al señor Mas la carta que me hubiera gustado leer con la firma de Mariano Rajoy.

«Muy Honorable Sr. Don Artur Mas y Gavarró. Presidente de la Generalidad de Cataluña. Palacio de la Generalidad. Plaza de San Jaime 4. 08002 Barcelona.

»Estimado Presidente: En respuesta a su carta al Presidente del Gobierno en la que nos plantea a todos los españoles la necesidad de abordar un proceso de negociación para la celebración de una consulta en Cataluña, paso a manifestarle mi decisión respecto a las cuestiones planteadas.

»Mi respuesta es sencilla de entender. No. Si no la ha comprendido se la repito. No. Y si aún permanece en la duda respecto a su significado, insisto en su contenido por partida triple. No, no, y no. No se trata de una negativa por obstinación, o porque Su Excelencia me caiga mal, que me cae, o por empecinamiento caprichoso. Como español me considero con los mismos derechos de participación en Cataluña que usted. Usted tiene los mismos que yo en Madrid, y los dos, usted y yo, los compartimos en el País Vasco y las Islas Canarias, porque nuestra Constitución vigente, la de 1978, que usted ayudó a aprobar, nos convierte a todos los españoles en sujetos constituyentes, y no me hace puñetera gracia que quiera usted pasarse mis derechos por sus enaguas silvestres.

»Artículo 156/1 de la Constitución: "Si una Comunidad Autónoma no cumpliere las obligaciones que la Constitución u otras leyes le impongan, o actuare de forma que atente gravemente al interés general de España, el Gobierno, previo requerimiento al Presidente de la Comunidad Autónoma, y en el caso de no ser atendido, por mayoría absoluta del Senado, podrá adoptar las medidas necesarias para obligar a aquella al cumplimiento forzoso de dichas obligaciones o para la protección del mencionado interés nacional."

»Recuerde, señor Mas, que las autoridades de la Segunda República Española, le mandaron los guardias a su antecesor, el señor Companys. Átese los machos, deje de provocar la violencia, calme sus obsesiones y recuerde que quien gobierna en España, aunque no se atreva, tiene la autoridad suficiente para facilitar su detención por la Policía Judicial o la Guardia Civil, siempre que la Fiscalía así lo considere. Le saludan sin el menor atisbo de atención. Parte de mi familia y yo.»

Poco diplomático, pero más concreto.

Buenas aguas

19 de septiembre de 2013

La Reina ha entregado en Cádiz la bandera de combate al nuevo «buque insignia» de la Armada española, el «Juan Carlos I». Cádiz con su enclave de San Fernando, el Ferrol y Cartagena forma el triángulo anímico de nuestros manos de guerra. Buenas aguas. A pocas millas del Ferrol se alza la Escuela Naval Militar de Marín. En un principio se pensó en Barcelona para el acto de entrega de la bandera de combate a este fabuloso buque de nuestra Armada, que sustituye al «Príncipe de Asturias», prematuramente dado de baja por problemas económicos. Ya se sabe. Aquí roban casi todos menos los militares, y aquí se rebajan los presupuestos de Defensa para no suprimir asesores, subvenciones chorras, gastos ingentes en mamarrachadas y demás delicias de nuestras diferentes administraciones. El alcalde de Barcelona, el señor «Tgías» —se escribe «Trías»—, no consideró conveniente contaminar su puerto con el «Juan Carlos I» y menos aún que la Reina amadrinara al nuevo portaaviones de la Armada y que los uniformes militares dignaran con su numerosa presencia el solemne acto de la entrega. No deseaba oír el tradicional saludo a la bandera de nuestros marinos: «Dotación ¡Viva España!» El alcalde «Tgías» no es excesivamente consecuente. En junio lo vi en el Palacio Real, en su capilla, muy ceremonioso y hasta cortesanuelo, asistiendo en lugar preferente a la misa en memoria de Don Juan de Borbón. Lógico que la Casa del Rey invite al alcalde de Barcelona a un acto en el que se conmemora el centenario del nacimiento del penúltimo Conde de Barcelona, que fue además, un gran enamorado de Cataluña. El último y actual Conde de Barcelona, como es obvio, es el Rey, porque se trata de un título soberano de la Corona de España, un detalle que quizás ignora el alcalde «Tgías». Podría haberse excusado pero fue con Godó, que también pisaba reales alfombras a pesar de haber entregado al nacionalismo separatista su Grandeza de España concedida por el Rey en memoria de sus mayores, porque este Godó, méritos, lo que se dice méritos, acumula pocos.

Mejor en Cádiz. Buenas aguas las gaditanas, las de la bahía, las inmediatas a Rota, que será la base del «Juan Carlos I». Aguas cultas y atlánticas, océanas e históricas, con ese horizonte en el que se intenta adivinar el dibujo de las costas antillanas. Lo escribió Antonio Burgos en sus «Habaneras». «La Habana es Cádiz con más negritos / Cádiz, La Habana con más salero.» Lo cierto es que hay que agradecer al alcalde «Tgías» su amable negativa. Pocos días después de la suciedad independentista que apoyó sin límites, quizá no era conveniente recibir en Barcelona a tanta nobleza y honestidad reunidas en un mismo acto. Además, que también Cádiz es Cataluña, porque de ahí partieron como embarcados de las flotas españolas miles de marineros catalanes en busca de futuros y aventuras. Como Cádiz es vasca, y gallega, y canaria, y valenciana, y montañesa con sus jándalos ultramarinos, y extremeña, que de esa tierra valiente de dehesas y sierras surgieron los grandes marinos que no habían visto jamás la mar. Buenas aguas las de Cádiz, que además bañan un talento popular e insuperable de siglos, aguas de la Atlántida, con su tenaza abierta desde el Puerto de Santa María, Puerto Real y Sanlúcar de Barrameda.

Un buque de la Armada como el «Juan Carlos I» no se merecía ese desplante grosero de «Tgías». En Cádiz se sintió muy a gusto. Dotación: ¡Viva España!

Europa en riesgo

21 de septiembre de 2013

La niebla se adueñó del sur de Inglaterra. Niebla antigua, densa, del Londres terrorífico del Jack el Destripador. De niño me asustó mucho una película, «A veintitrés pasos de Baker Street», con un invidente acosado por unos asesinos entre las nieblas de Hyde Park. Y en mi primer viaje a Londres, tuve la fortuna de padecer una tradicional mañana de niebla, de las que ya no existen, con la bruma urbana nublando los escaparates de «Piccadilly Street», en donde se ubica «Cording», la mejor tienda de gabardinas de Inglaterra. Al fin llegué, me compré una gabardina que me estaba de dulce y en un guardarropa de Madrid me la soplaron años más tarde. Ahora me alegro, porque me habrían confundido con los «Albertos», aunque la mía era más elegante. Por culpa de la niebla conocí las «Burlington Arcades», en las que un decenio más tarde me topé, junto a mis hermanos, con Bárbara Zhellner, la esposa del doctor Barnard, una mujer inventada por la maravilla y por la que depositamos en el suelo nuestros abrigos para que los pisara, lo cual hizo con garbo, como en el cuplé. Y muy cerca de ahí, en la «Scotch House» me hice a medida un conjunto escocés, que aún conservo, y que ando en deseos de enviárselo a Mas, que mucho habla de Escocia y desconoce en qué consiste el «Spoon», ese complemento que fortalece en el «kilt» la resistencia para que un golpe de viento impida la aparición de los testículos del portador, porque los escoceses no usan calzoncillos cuando se visten como Sean Connery. Le recomiendo a Mas cuando reciba mi regalo que se adapte bien el «Spoon», que los vientos del Mediterráneo son caprichosos y confusos, y una ráfaga imprevista puede dejarle al aire sus industrias varoniles, siempre desmitificadoras y con altos porcentajes de disminuir su dignidad estética. Estábamos con la niebla. Aquella niebla que se adueñaba del sur de Inglaterra y animaba al *Times* a anunciarla de esta guisa: «El Continente europeo aislado por la niebla de Londres.»

En su frenética carrera hacia la independencia de Cataluña, Artur Mas ha manifestado que en nada teme que Cataluña abandone la Unión Europea porque ésta procurará «no hacerse daño a sí misma». Es decir, como el titular del *Times* pero sin gracia. Ha alcanzado tamaño nivel de patetismo mental que considera que la salida de Cataluña de Europa no sería tal, sino al revés, la salida de Europa de Cataluña. A este desconcierto enloquecido se ha sumado Esperanza Aguirre, que en el «Círculo Ecuestre» de Barcelona, formidable club rescatado de su vieja ruina por Carlos Güell de Sentmenat, gran comillano, gran catalán y gran español, ha animado a todos los españoles a «catalanizarse». Me figuro que lo habrá dicho para quedar bien, porque no le encuentro el fundamento a su propuesta, por mucho que la admiro y quiero desde niño, cuando no me habrían crecido los pelitos de las piernas. Pero de ambas reflexiones, me preocupa más la de Mas, porque demuestra que no miente, como antaño, para lograr mediante la mentira sus objetivos, sino que la mentira continuada se ha apoderado de su sinrazón y está convencido de lo que dice. Que Europa, sin Cataluña, quedará aislada como en los viejos tiempos cuando caía la niebla sobre Inglaterra.

Sigo a la espera de futuras chorraditas.

A letrinas

1 de octubre de 2013

El diputado de CiU Jordi Xuclá, que tiene apellido de marca de turrones, quiere que se castigue de forma ejemplar a los militares que opinen de política. He intentado encontrar en los medios de días pasados alguna opinión política de un militar cualquiera, y no he podido hallarla. Además, eso está perfectamente reglamentado. Es más, a los militares, que conforman una de las instituciones más decentes y queridas por los españoles de bien no sólo les prohíben que opinen de política, sino también que lean artículos de la Constitución, como le sucedió al general Mena Aguado, cuando Bono era ministro de Defensa del Gobierno de Zapatero. Todo son provocaciones y groserías para distraer la atención. El sancionador Xuclá, que es diputado español, desconfía y pide en nombre de su partido castigos ejemplares para quienes se comportan y se han comportado siempre ejemplarmente, y olvida que sean sancionados los traidores y sediciosos, como él y muchos de su partido, con Mas a la cabeza, que es el representante de España y del Rey en su atribulada comunidad autónoma.

El de los turrones Xuclá —«Si quiere ir al más allá, compre turrones Xuclá»—, no ha visto a un militar ni en pintura, a pesar de que el gran pintor de la estética militar de nuestros días es un artista catalán, barcelonés, Augusto Ferrer-Dalmau, que ha superado a su antecesor, el también formidable pintor catalán Josep Cusachs. No ha visto a un militar ni en pintura ni ha cruzado dos palabras con ninguno de ellos, porque de haberlo hecho no humillaría su condición de representante del pueblo español con semejantes gilipolleces. Mucho me temo que Xuclá es de los que se tiran al suelo cuando los aviones de las Fuerzas Aéreas sobrevuelan en maniobras alguna zona de Cataluña. O de los que le dicen a su mujer, si en el horizonte marino de Barcelona se aprecia el dibujo de un buque de guerra de nuestra Armada que no lleve a la nena a pasear por Montjuich porque los marinos españoles se disponen a atacar. O de los que al pasar por la puerta de un Regimiento le preguntan al soldado de guardia si lleva el arma cargada o ayuna de munición. El diputado Xuclá, que lleva un buen tiempo amparado por la prudencia del sistema a pesar de sus políticas traidoras a España —Cataluña incluida, claro—, quiere que los militares sean duramente sancionados por cumplir con su deber y sus limitaciones de expresión públicas. Es sabido que a los traidores en España se les trata con enorme cortesía, pero a este diputado sedicioso, dulcemente adorado, habría que soltarle, como poco, un pequeño chorreo y posteriormente, con la autorización del Tribunal Supremo, siguiendo los pasos y las pautas que rodean a los intocables, mandarlo a limpiar letrinas. «Xuclá, por grosero, por injusto y por sedicioso, a letrinas.» Y por cursi.

Los militares y la Guardia Civil se dedican, entre otras cosas, a proteger a gente como Xuclá, y a dar su vida por España y por personajes como Xuclá. Lo hacen callada y discretamente, con la naturalidad de los grandes, sin aspavientos, sin exigir gratitudes ni reclamar contraprestación alguna. Lo hacen porque esa es su vocación y los deberes están inmensos en ella. Los militares son los únicos españoles siendo los más españoles que no son libres. Y no lo son porque ellos mismos han establecido los límites de su libertad. Que venga a estas alturas del polvo de la mona el diputado Xuclá con semejantes sandeces resulta excesivamente grosero. No se preocupe. España no ataca a España. Seguirán callados. Pero Xuclá merece un arresto de letrinas, un reencuentro con su elemento natural.

Sugerencia

2 de octubre de 2013

Ignoro si la solución pasa por la Diputación de la Grandeza y Títulos del Reino o es competencia exclusiva del Rey. En cualquier caso, la primera puede solicitar, siempre que la mayoría de sus miembros la consideren necesaria, una revisión de ejemplaridades infectadas y solicitar la temporal suspensión de las dignidades de un Grande de España. Al contrario de lo que cree mucha gente, los nobles no tienen una ideología en común. Los hay conservadores, liberales, socialdemócratas, socialistas y hasta comunistas, aunque estos últimos no formen la mayoría. También hay nobles que simpatizan con el sistema republicano, porque la libertad individual los ampara y respeta como al resto de los españoles. Otra cosa es la coherencia. Si un noble se siente republicano, lo coherente es renunciar a su título nobiliario, renuncia que no se produce frecuentemente. Pero no me estoy refiriendo a los sentimientos e ideologías de cada individuo, sino a la responsabilidad de quienes han recibido del Rey el honor de su nobleza y responden al honor poniendo a disposición del deshonor su poderosa influencia. Alfonso XIII, en 1916, concedió el título de Conde de Godó a don Ramón Godó y Lallana, fundador del diario barcelonés *La Vanguardia*, por su espíritu emprendedor y sus innegables méritos. Decenios más tarde, el nieto de Alfonso XIII, Don Juan Carlos I, elevó la nobleza del condado de Godó con la Grandeza de España, siendo titular el nieto del fundador, don Javier Godó y Muntañola, actual presidente del Grupo Godó de Comunicación. Con toda probabilidad, el actual Conde de Godó no se ha enterado de que no siempre enlazan con decencia las dignidades nobiliarias con los negocios. El influyente periódico del Conde de Godó y Grande de España, *La Vanguardia*, lleva entregado mucho tiempo al nacionalismo. Sus editoriales no mienten. Sus opinantes aún menos. Su línea editorial concuerda con excesiva frecuencia con las tesis, no ya nacionalistas, sino separatistas de CiU, que ha dejado de ser un partido moderado a impulsor del desmembramiento de Cataluña del resto de España. El propietario de RAC1, que recibe suculentas subvenciones de la Generalidad de Cataluña, tiene todo el derecho a prosperar en su negocio. Don Javier Godó Muntañola tiene, asimismo, todo el derecho a sentirse lo que sea y a manifestarse como tal. Pero el Conde de Godó, Grande de España, no. No se puede vivir con dignidad en las dos orillas. Si el Conde de Godó ha decidido que está con los separatistas, el Conde de Godó está obligado a deshacerse de sus oropeles sociales y renunciar a su título nobiliario y a su Grandeza de España. Vivimos tiempos convulsos y preocupantes, y más que nunca la normalidad social precisa de la coherencia en sus personajes más influyentes. *La Vanguardia* es el medio de comunicación escrito más influyente de Cataluña, y si *La Vanguardia* ha elegido un rumbo y un camino concretos, no lo ha hecho sin la autorización y la aquiescencia de su principal accionista, el Conde de Godó. Y si el Conde de Godó ha optado por esa senda, lo lógico y deseable es que renuncie a su título y su Grandeza, concedida por el Rey al que quiere mutilar con su influencia de uno de los territorios más queridos por la Corona. No se trata de una discusión entre condes, un rifirrafe entre marqueses y un duelo entre duques, sino de una acción obligada por la honestidad, el sentido común y la buena educación. Desprendido y posiblemente descansado del peso de sus dignidades nobiliarias, el señor Godó puede convertir *La Vanguardia* en un medio de propaganda del separatismo catalán y los supuestos «Países Catalanes» sin ningún tipo de remordimiento. Y recibir subvenciones por la causa. Y vivir liberado de lealtades que no cuadran con su actual manera de ver las cosas. Renunciar a un título que molesta no es una tragedia. En su caso, y para bien suyo, es una obligación.

El embajadorcito

5 de octubre de 2013

Ignoraba que España tuviera un embajador en Andorra. Se llama Alberto Moreno. Es más que posible que su carrera diplomática no haya sido del todo brillante, porque ser el embajador de España en Andorra no es más importante que actuar de mantenedor en los Juegos Florales de Villacastín, que se caracterizan porque no existen. Un embajador de España en Andorra, en lugar de presentar sus cartas credenciales, presenta una tarjeta de visita y va que chuta. La carrera diplomática, que para los profesionales de la misma se escribe con mayúscula, la Carrera, se ha nutrido tradicionalmente de personajes de alto ingenio. También de pelmazos, dicho sea con todos los respetos. Y de talentos independientes que por hacer una gracia retrasaron su merecido ascenso. El más destacado de todos, Agustín de Foxá, conde de Foxá, portentoso escritor, escéptico, y siempre al borde del abismo. Cuando recibió el telegrama por el que se le anunciaba que había sido destinado a la embajada de España en Tegucigalpa, respondió inmediatamente por el mismo medio al subsecretario de Exteriores. «Honradísimo, pero ¿dónde coño queda eso?» El gran cornudo del conde Ciano, yerno de Mussolini, fue agasajado en la embajada de España ante el Quirinal, en Roma. Foxá fumaba y bebía. Era desaliñado en el vestir. Y Ciano se apercibió de la facilidad de don Agustín para vaciar vasos de whisky. Pasó junto a él y le dijo: «Foxá, a usted le va a matar el alcohol.» Y Foxá le respondió: «Y a usted le va a matar Marcial Lalanda.» Sufrió un leve castigo, porque se le consideraba el hijo de la Carrera. Era ministro Martín Artajo, cristiano profundo y activo. Ofreció una cena a un grupo de diplomáticos y cuando dieron las 12 de la noche, se disculpó y abandonó el lugar con expresión mística. Foxá tranquilizó a su compañeros: «No os preocupéis, Alberto es así, y todas las noches a esta hora, se va de curas.» Sus muchos años destinado en América los resumió en un libro de textos fabulosos, «Desde la otra orilla», que todavía asombra a quien lo lee por vez primera.

Este Alberto Moreno no se parece en nada a Foxá. El embajadorcito que representa a España en Andorra no tiene muy claro lo que es. «No soy ni muy español, ni muy catalán, ni muy nada.» Un embajador de España que no es muy español no puede tener otro destino inmediato que su casa. Parece ser que el embajadorcito está más cerca del sueño separatista que de la realidad de la unidad de España. Lo mejor es cuando se reconoce inmenso en la «muy nada». Es decir, que llega a la sede de la embajada y el mayordomo lo anuncia de esta guisa: «Señora embajadora, la muy nada ha llegado y desea comer porque tiene mucho trabajo esta tarde y precisa de una buena siestecita»; «de acuerdo, dígale de mi parte a la muy nada que yo comeré más tarde porque hace ruido al tomar la sopa».

Al embajadorcito Moreno le quedan pocos días en su importantísimo destino. Ha desarrollado en estos últimos años una labor impresionante gracias a su gran capacidad de trabajo. Andorra y España transcurren por un periodo de muy fraternales relaciones. Si no fuera por la capacidad de persuasión de don Alberto Moreno, la guerra hispano-andorrana sería un hecho. Pero aún así, y reconociendo los indiscutibles méritos de este brillante diplomático, el ministro García Margallo está obligado a darle una patada en el culo y cedérselo a Mas, aunque tampoco se sienta muy catalán sino más bien, muy nada. Y posteriormente cerrar la embajada de España en Andorra, montar una oficinita de representación, y aquí paz y después gloria, que tenemos que ahorrar.

El hijo antipático

7 de octubre de 2013

Así que los padres reunieron a sus muchos hijos en una celebración cualquiera. Llegaron de todos los puntos de España, porque eran muchos. El último en llegar fue el díscolo, el antipático, el que no se trataba con su familia. Pero necesitaba dinero, porque habiéndolo tenido todo, lo derrochó a manos llenas y a bolsillos rotos en tonterías. Los padres no pasaban por una situación económica holgada, pero una vez más, ayudaron al antipático mientras el resto de sus hermanos se conformaba con el regalo habitual, algo más modesto que en años anteriores. Ya con el talón en su cartera, el antipático se mostró más fuerte y alejado: «He decidido que voy a dejar de ser vuestro hijo y vuestro hermano. No me considero obligado a soportaros ni un minuto más.» El padre tomó la palabra: «Creo hijo que tu decisión es equivocada por imposible. Tu madre y yo te hemos tratado mejor que a tus hermanos, te dimos siempre todo lo que nos exigiste y te agradecemos de verdad lo que tú nos ofreciste cuando estabas en condiciones de hacerlo. Siempre nos llevamos bien y pasamos por alto tus ataques de antipatía. No podemos dejar de quererte porque eres nuestro hijo. Y tú no puedes dejar de serlo porque somos tus padres y no tienes capacidad de decisión al respecto. Lo somos y lo seremos. Y tus hermanos lo son y lo serán. Otra cosa es que persistas en humillarnos, en despreciarnos, en mentirnos y en agobiarnos. Cada día que pasa estás más antipático, y cada día que pasa, nosotros tus padres y el resto de tus hermanos te queremos más, a pesar de todo. Lo más que puedes conseguir, y con más dolor por nuestra parte en tu actual situación económica, es que en lugar de recibir nuestro regalo personalmente el día de Navidad, nos veamos obligados a hacerte una transferencia. Nunca dejaremos de cumplir con nuestras obligaciones por muchos que sean tus desaires, tus insultos y tus salidas del tiesto. Sólo te pedimos que hagas lo posible para no ser tan antipático, porque hijo lo serás siempre por mucho que intentes cambiar tus orígenes.»

El antipático no se mostró arrepentido ni compungido. Insultó a su padre al que llamó inútil. A su madre, a la que tildó de vieja innecesaria y pesada. A sus hermanos, uno por uno, a los que llamó vagos y aprovechados. Ninguno de los insultados le respondió con aspereza. Aguantaron el chaparrón de desprecios con excesiva calma, porque el hijo antipático se había ganado una bofetada bien dada por cualquiera de sus familiares inmediatos. Ya con el talón en el bolsillo de la chaqueta, y después de cerciorarse que ahí seguía y estaba, acariciando con la punta de los dedos el canto del cheque bancario, el antipático volvió a la carga: «Soy libre, y mi libertad me garantiza que si quiero dejar de ser vuestro hijo, aunque lo sea para mi desgracia, puedo dejar de serlo. Me buscaré otros padres, otra historia, otra familia y si no encuentro padres, historia y familia, me inventaré una tía para que me cuide, me financie y me permita vivir sin vosotros. A ti —a su madre—, una advertencia. Deja de llorar porque no vas a convencerme con tus llantos y gimoteos. Te odio. A ti —a su padre—, un aviso. Siempre que lo considere necesario voy a pedirte el dinero que me corresponde, aunque ya no sea oficialmente tu hijo. Y me lo vas a dar por cojones, aunque no los tengas. Y a vosotros —sus hermanos—, haced lo que os salga de las narices sin contar para nada conmigo. Os tengo asco. No entiendo cómo pude sentirme feliz en vuestra compañía. Sois repugnantes. Buenas noches. Me voy a mi casa, porque ésta ya no la considero mía, excepto en lo que respecta al dinero.»

El hijo separatista dio un portazo. Siempre será un hijo. Lo malo es que su antipatía empieza a resultar insoportable.

Los pitos del niño

8 de octubre de 2013

Su antigua novia, la maltratada, nos lo ha revelado. Fue el fresco del niño. Compró cinco mil pitos para que éstos sonaran contra el Rey en la final disputada en Valencia. Y sonaron. Es lógico. A un tonto le regalas un pito y sopla. Si son cinco mil los tontos, cinco mil pitos soplados. Jordi Pujol hijo, el de la colección de diecisiete coches de lujo, el de los negocios de hostelería en México, el de los paquetes de billetes de quinientos euros depositados en la Banca Mora de Andorra, fue el de los pitos. —¿Has visto la que se ha montado? ¡Mort al Borbó! ¡Mort al Borbó!—.

Además de gilipollas, grosero. Deduzco que el tal «Borbó» es el Rey, que no se apellida «Borbó» entre otras cosas. La curiosidad me obliga a una pregunta. ¿Quién los distribuyó entre los cinco mil piteros? El niño mayor de los Pujol no tiene excesiva fama de trabajador, y repartir cinco mil pitos es una labor engorrosa. Para repartir cinco mil pitos hay que conocer la dirección postal de cinco mil majaderos. Los pitos no se pueden enviar por correo electrónico. Hay que distribuirlos o entregarlos a mano. ¿Colaboró el «club de los valores» en el reparto premiando con un pito a los cinco mil primeros socios que adquirieron sus entradas? ¿Los vendieron en los aledaños del estadio Casanova de Valencia? ¿Los regalaba la señora Ferrusola en su floristería? Vamos a ver. Lo de menos es encargar cinco mil pitos y pagarlos, más aún si el dinero no es consecuencia del trabajo diario y el sudor de la frente. Se llama a la fábrica de pitos y se negocia el precio.

—¿Es la fábrica de pitos? Soy Jordi Pujol Ferrusola y quiero cinco mil pitos. Los más ruidosos. Sí, para que suenen cuando aparezca el «Borbó» en el palco la noche de la final. Me los envía a casa de mis padres. Dígale al del transporte que los entregue después de las 10 de la mañana, porque antes de las diez mis padres están sin arreglar y se pueden llevar un susto. Sí, perfecto, se los abono al contado. Si he comprado varios hoteles y tengo diecisiete coches, como comprenderá no le voy a discutir el precio de cinco mil pitos, pero le recomiendo que no me los facture si se siente plenamente catalán. Será su aportación a la causa. En el caso de que no se sienta plenamente catalán y me cobre los pitos, le cerraremos la fábrica de pitos. Con la independencia de Cataluña no se juega. ¿Me ha entendido? Yo podría tener veinticinco coches y sólo tengo diecisiete porque ocho de ellos se los he ofrecido a Cataluña, y si yo ofrezco ocho coches de lujo a Cataluña, usted le ofrece los cinco mil pitos o se queda sin pitos para siempre. No, no es una amenaza. Bajo ningún concepto. Es una invitación para que se sume al movimiento independentista. De acuerdo, muchas gracias y bienvenido a la causa. Pero recuerde al transportista que los entregue a mi papá o a mi mamá, la Marta, porque si los reciben mis hermanos se los pueden quedar y se fastidia el meneo al «Borbó». «Moltes gracies.»

La ridiculez de esta familia carece de límites. Lo de «mort al Borbó» tiene menos gracia, porque se trata de una incorrección profundamente grosera. Si el «Borbó» es el Rey que no se apellida «Borbó», más aún, por cuanto el Rey se comportó con el padre del comprador de pitos con extremada cortesía durante sus años al frente del negocio a costa de Cataluña. Y el 23 de febrero de 1981, de no haber sido por el Rey, el papá del comprador de pitos, la mamá del comprador de pitos, los hermanos del comprador de pitos y el mismo comprador de pitos hubieran visto cerrados todos sus horizontes mercantiles.

La pregunta es quién los distribuyó. Y la respuesta me la figuro, pero de momento la guardo para mí y me la callo.

Índice

Introducción 7
Malvados (11 de septiembre de 2010) 9
La foto (15 de septiembre de 2010) 11
España pide perdón (17 de octubre de 2010) 13
Algo es algo (3 de noviembre de 2010) 15
Chorradas (24 de noviembre de 2010) 17
La guerra tribal (28 de noviembre de 2010) 19
Messi: cuatro escaños (30 de noviembre de 2010) 21
Ni pirsin ni leches (18 de diciembre de 2010) 23
De plenitudes (29 de diciembre de 2010) 25
Cochinos (4 de febrero de 2011) 27
El ignorante (6 de febrero de 2011) 29
El niño Oriol (15 de abril de 2011) 31
La costumbre (22 de abril de 2011) 33
Sin confundir (29 de abril de 2011) 35
El paleto (18 de junio de 2011) 37
Patriotismo alimentario (19 de junio de 2011) 39
El día cabreado (14 de septiembre de 2011) 41
Antipáticos (25 de septiembre de 2011) 43
Andaluces (1 de octubre de 2011) 45
El conde-duque (29 de octubre de 2011) 47
¡Caray si existe! (10 de diciembre de 2011) 49
Embajaditas (28 de diciembre de 2011) 51
Candidatísimos (30 de enero de 2012) 54
Topónimos (22 de febrero de 2012) 57
Igualdad (5 de marzo de 2012) 59
¿Eto'o más que el Rey? (17 de marzo de 2012) 61
La batalla épica (25 de marzo de 2012) 64

El revolcón (27 de marzo de 2012) 67
El mosaico (24 de abril de 2012) 69
La Copa y los jabalíes (26 de mayo de 2012) 71
La gran final (27 de mayo de 2012) 73
Para los analfabetos (28 de mayo de 2012) 76
El Himno Nacional (17 de junio de 2012) 79
Del cerdo (21 de junio de 2012) 82
Escribía ayer (24 de junio de 2012) 85
La lanza de Puchú (26 de julio de 2012) 88
Buena caída (4 de agosto de 2012) 91
Aire (22 de agosto de 2012) 94
Basura (2 de septiembre de 2012) 97
Ahora sí (8 de septiembre de 2012) 100
La camiseta (12 de septiembre de 2012) 103
El divorcio (13 de septiembre de 2012) 105
Duquesío ausente (15 de septiembre de 2012) 107
Lo de menos (23 de septiembre de 2012) 109
Los trituradores (24 de septiembre de 2012) 112
José Manuel Lara (30 de septiembre de 2012) 114
Barcelona, capital (6 de octubre de 2012) 117
Mosaico (7 de octubre de 2012) 119
¡Qué aburrimiento! (11 de octubre de 2012) 122
Plaza de Cataluña (13 de octubre de 2012) 124
El Mesías (16 de octubre de 2012) 126
La carretera (17 de octubre de 2012) 128
Carta de un soldado (20 de octubre de 2012) 130
Muy antipáticos (22 de octubre de 2012) 132
A la señora Reding (25 de octubre de 2012) 134
El chupete (28 de octubre de 2012) 137
No se asusten, please (31 de octubre de 2012) 140
Más que Mas (3 de noviembre de 2012) 142
Miss, Miss, Miss (6 de noviembre de 2012) 145
El soldado (8 de noviembre de 2012) 147
La suerte del Rey (13 de noviembre de 2012) 149
Rahola y el gato (19 de noviembre de 2012) 151

Todos independientes (24 de noviembre de 2012) 153
Vasallos (25 de noviembre de 2012) 156
Cotorras (26 de noviembre de 2012) 159
¿U? (27 de noviembre de 2012) 162
La dimisión (2 de diciembre de 2012) 165
La monda lironda (3 de diciembre de 2012) 168
Lo de Messi (8 de diciembre de 2012) 170
Este chico... (11 de diciembre de 2012) 173
El «Guiness» (16 de diciembre de 2012) 175
Mis catalanes (20 de diciembre de 2012) 178
¿Cuándo? (29 de diciembre de 2012) 180
Secad mis lágrimas (3 de enero de 2013) 183
El Rey (5 de enero de 2013) 186
El «Gaudí» (9 de enero de 2013) 189
El AVE a Gerona (10 de enero de 2013) 191
Pujol y su coño (13 de enero de 2013) 193
El romance familiar (15 de enero de 2013) 196
Despáchalo, Rafael (27 de enero de 2013) 198
El antitaurino (11 de febrero de 2013) 201
Pere o Pera (4 de marzo de 2013) 203
Ni Joan ni Borbó (18 de marzo de 2013) 205
Compadreo (31 de marzo de 2013) 208
De cul (11 de abril de 2013) 211
Éxito descriptible (24 de abril de 2013) 213
Don Salvador (30 de abril de 2013) 215
El marroquí (16 de mayo de 2013) 217
El barullo (26 de mayo de 2013) 219
Cataluña y la milicia (1 de junio de 2013) 222
Nuestra Bandera (2 de junio de 2013) 225
El políglota (5 de junio de 2013) 228
Espías generosos (22 de junio de 2013) 230
Nunca vienen solas (1 de julio de 2013) 232
El tanque (29 de julio de 2013) 234
Ese tal (31 de julio de 2013) 237
La cadena fofa (6 de agosto de 2013) 240

Chorrada (12 de agosto de 2013) 243
El Cit (13 de agosto de 2013) 246
Chinos y Ben Yussuf (28 de agosto de 2013) 249
Vuelta atrás (8 de septiembre de 2013) 252
Cuidado con los bolsos (11 de septiembre de 2013) .. 255
El árbol podrido (14 de septiembre de 2013) 257
Menores en riesgo (15 de septiembre de 2013) 260
Mi carta (17 de septiembre de 2013) 263
Buenas aguas (19 de septiembre de 2013) 265
Europa en riesgo (21 de septiembre de 2013) 267
A letrinas (1 de octubre de 2013) 269
Sugerencia (2 de octubre de 2013) 271
El embajadorcito (5 de octubre de 2013) 274
El hijo antipático (7 de octubre de 2013) 276
Los pitos del niño (8 de octubre de 2013) 279